Vivir del dividendo

Alcanza la independencia financiera con los consejos del Dr. Exo

Autor: Dr. Exo

Primera edición: 2016

Todos los derechos reservados. Queda prohibida su reproducción total o parcial por cualquier medio, incluyendo blogs y páginas de internet, así como cualquier clase de copia, registro o transmisión por internet sin la previa autorización por escrito.

Agradecimientos

A Víctor, que fue el primero en hablarme de bolsa.

A Gregorio Hernández, por la labor que realiza con sus libros.

A mis padres, que me hicieron ser inconformista para lograr todos mis objetivos.

Índice

Capítulo 1: La historia del Dr. Exo.

Capítulo 2: El objetivo: vivir del dividendo.

Capítulo 3: ¿Por qué vivir del dividendo y no de otras cosas?

Capítulo 4: ¿Cómo vivir del dividendo?

Capítulo 5: Estrategia de inversión.

Capítulo 6: Simulaciones de inversión para vivir del dividendo.

Capítulo 7: El Plan - Las 10 primeras cosas que has de hacer.

Capítulo 8: Bonus - Empresas analizadas.

Capítulo 1:
La historia del Dr. Exo

Vivimos en una sociedad esclava de sus costumbres. La gente hace las cosas porque es lo habitual, lo que todo el mundo hace. Todos queremos un coche más grande, un móvil más nuevo, una casa con más habitaciones ¡y con piscina a poder ser!

Mis 3 pacientes han vivido siempre en esa vorágine de consumismo. El ansia de poseer productos que no saben usar, de comprar ropa que nunca llegarán a ponerse, de aparentar tener más éxito en la vida a través de sus posesiones es tan fuerte que no les deja disfrutar de su libertad.

Para no revelar los datos de mis pacientes diremos que son 3 gatos exóticos (Leo, Gordon y Tangerine) y para que no me relacionéis con ellos me haré llamar Dr. Exo.

Yo he sido como ellos. Durante un tiempo noté que cuando compraba el último producto de moda en el mercado conseguía una subida de adrenalina que me hacía estar eufórico, pero eso duraba poco. Era como una droga, a los pocos minutos comenzaban los remordimientos por haber gastado ese dinero... Me costó pero conseguí despertar del letargo. Empecé a posponer compras, a ser feliz con lo que tenía y comencé a ver la vida de otra manera. Ya no necesitaba tener lo último, no era más feliz por comprar cosas, empecé a encontrarme conmigo mismo y a entender que lo que todo el mundo dice y nadie practica: "Lo importante es la familia, la gente que te rodea" y no tus posesiones.

Todo este período de reflexión me llevó a liberar mi mente y a cuestionarme cosas que hasta el momento eran inamovibles. Empecé a pensar en si debía depender del gobierno de turno para asegurar mi futura pensión, comencé a cuestionarme si el sistema actual era viable y llegué a la conclusión de que sólo yo soy dueño de mi destino.

Empecé a leer mucho sobre las diversas opciones para asegurarme una jubilación digna y después de ver muchas alternativas llegué a la conclusión de que la inversión en bolsa a largo plazo era lo más seguro en términos legales y económicos. De pronto, lo que antes me parecía una ruleta rusa en la que la gente se jugaba su dinero, me parecía el lugar más evidente donde mi dinero debía estar. Mi dinero se convertiría en acciones de empresas sólidas y estas empresas trabajarían duro para mi, para pagarme un dividendo. Mi futuro consistiría en ser libre, en alcanzar la independencia financiera. Mi futuro será: Vivir del Dividendo.

He de ayudar a Leo, Gordon y Tangerine. Ellos quieren liberarse de las cargas que yo tuve y llegar a la independencia financiera pero aún no están preparados. Al más mínimo desliz vuelven al camino erróneo y cuando intento reconducirles se rebelan:

Por eso me han elegido como su doctor. Saben que soy la persona más adecuada para ayudarles a ser libres. Y creo que a través de nuestra experiencia puedo ayudaros a vosotros.

Los cambios ocurridos en mi hace unos años, me llevaron a plantearme la forma en la que, además de ser más libre en mi forma de pensar, podía ser libre financieramente. El objetivo era no depender del Estado y asegurar una fuente de ingresos alternativa, en otras palabras, vivir del dividendo.

¿En qué consiste el plan del Dr. Exo?

Es sencillo, consiste en comprar acciones de empresas estables que creas que seguirán haciendo negocio dentro muchos años. Esas empresas nos irán pagando dividendos y los reinvertiremos en más acciones de la misma u otra empresa.

Además, estos dividendos irán creciendo año a año por encima de la inflación. Es lo mínimo que un accionista puede exigir a una empresa, que su crecimiento sea superior a la inflación. Esto hará que se produzca el efecto del interés compuesto. Imaginemos una empresa cuyo dividendo es de 0,5€ por acción y la acción tiene un valor de 10€. Además, cada año crece un 5%, y así durante 20 años.

Si invertimos 1.000€ en ella, el primer año obtendremos 50€. El segundo año, al crecer un 5% incrementará aproximadamente sus dividendos en un 5% por lo que pasaremos de 50€ a 52,5€. El año 20, estaremos recibiendo 132€ al año. Esto supone un **13,2% de rentabilidad anual sobre los 1.000€ invertidos**.

Lo interesante no acaba ahí. **Lo interesante viene con la reinversión**. Imaginemos el mismo caso anterior pero reinvirtiendo los dividendos. El primer año recibimos 50€ que los sumamos a los 1.000 que teníamos. De repente tenemos 1.050€ invertidos y un dividendo, que al crecer un 5% queda en 57,75€. Al reinvertirlos tendríamos 1.107,75€. ¿Sabéis qué capital tendríamos en el año 20? **6.116€**. Pero lo mejor no es eso, lo mejor es que estaríamos recibiendo 306€ al año por dividendos. **Un 30,6% de rentabilidad anual**. Si a estas cifras le descontamos una inflación promedio del 2%, que es el objetivo del BCE, la cartera estaría valorada en 4.198€ y los dividendos serían 210€.

Si alguien quiere tener 1.000€ de ingresos mensuales deflactados dentro de 30 años, tendrá que invertir entorno a 130€ mensuales.

Para lograrlo, se requiere una gran dosis de paciencia y constancia. No hay que ponerse nervioso, hay que estar muy seguro de lo que hacemos y tener muy clara la estrategia cuando veamos la cartera de acciones al -50%. Pero mucho más clara tendremos que tenerla cuando la cartera vaya al +50%.

Estoy seguro de que tendréis muchas dudas sobre cómo comenzar a planear vuestra independencia financiera y empezar una nueva vida. Pero no os preocupéis, no estáis sólos, vuestro Doctor está aquí para apoyaros. En los próximos capítulos veremos más detalles sobre nuestro plan y trataré de ayudaros a lograr el objetivo que perseguimos en este libro: Vivir del Dividendo.

Capítulo 2:
El objetivo: vivir del dividendo

¿Y por qué no hacemos como todo el mundo? La gente en España trabaja hasta su edad de jubilación y después de toda una vida pagando impuestos lo que espera es que el Estado le proporcione una pensión digna.

Pero, ¿esto se mantendrá así las próximas décadas? Esta es la primera pregunta que todos los que estáis leyendo os hicistéis antes de comenzar a leer.

Es posible que nunca te hayas planteado cuál es el coste de las pensiones públicas en España. **¿Qué es más caro: la sanidad, la educación o las pensiones?**

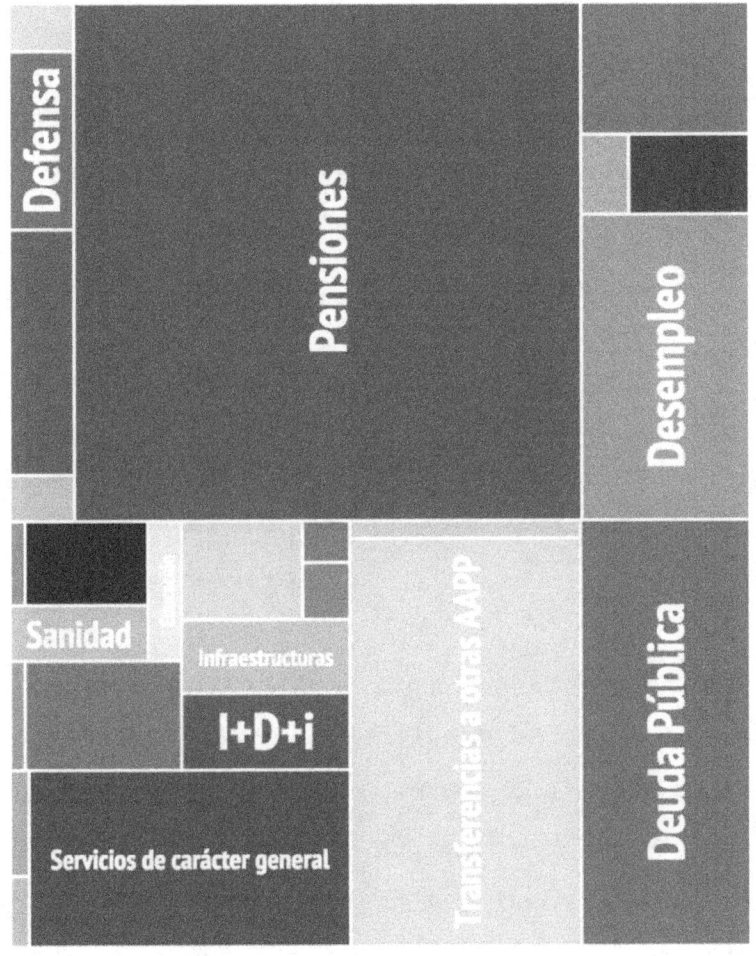

(Millones de euros) Fuente: Presupuestos Generales del Estado

Todos habéis visto a la primera las pensiones, ¿verdad? Ahora buscad sanidad y educación. Hoy en día las pensiones representan ya un **30% del presupuesto** del Estado. Parece claro que uno de los grandes problemas de España es el de mantener ese enorme gasto con una pirámide poblacional en la que cada vez hay más pensionistas y menos trabajadores:

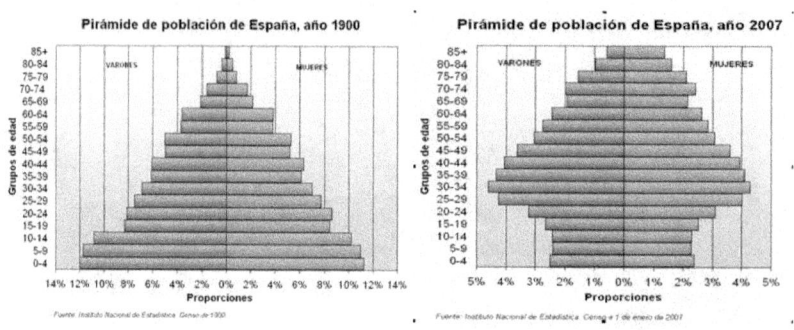

La evolución queda bien clara. La pirámide ya no es pirámide. Todas las estimaciones sobre su evolución tienden a mostrar una pirámide en la que todas las edades pesan el mismo porcentaje, como si fuera un rectángulo. En ese escenario asusta pensar como el Estado podrá hacer frente a las pensiones.

¿Cuál es el futuro de las pensiones?

El gobierno ya impulsó una reforma en la que las subidas de las pensiones se desvinculaban de la inflación y pasaban a ser de un mínimo del 0,25% y un máximo del IPC + 0,5%. Si el gobierno mantiene una subida del 0,25% constante, las pensiones dentro de 40 años tendrán un valor tan bajo que no valdrán para mucho. Pongamos un ejemplo con una pensión de 1.000€/mes actuales que se incrementa un 0,25% anual mientras que la inflación es de un 2% anual, que es el objetivo del Banco Central Europeo. Los 1.000€ de hoy, dentro de 40 años pasarán a ser 1.105€ pero al deflactarlos quedarían en 493€. Es decir, **nuestra pensión se vería reducida en más de un 50%**.

En los próximos años y las próximas décadas, si la situación no cambia mucho, veremos noticias relacionadas con las pensiones como:

- Jubilaciones con edades cada vez más elevadas.

- Requisito de años trabajados mayores.

- Cambios en la forma de calcular la pensión para pagar menores cantidades.

- Incremento de impuestos para hacer frente a las pensiones.

Pero ojo, en cualquier caso, la culpa no la tiene ni un gobierno ni el otro. El sistema de pensiones que actualmente tenemos en España está basado en que los trabajadores de la base de la pirámide paguen las pensiones a quienes reúnan los requisitos para cobrarlas. Esto es un sistema piramidal, igual que las conocidas estafas piramidales o esquemas Ponzi. Si no lo hiciera el Estado sería ilegal, porque es insostenible.

Pues hace falta un cambio radical Tangerine. Ha quedado claro que el sistema de pensiones es insostenible, es una estafa y no podrá perdurar en el tiempo.
La solución es sencilla: el Estado no puede hacerse cargo de pagar todas las pensiones de los ciudadanos.

Las pensiones han de gestionarse a través de los propios ciudadanos con sistemas de capitalización individuales, es decir, aportando cada uno una cantidad de su salario a su futura pensión.

La contribución que cada ciudadano tenga que realizar a su propio plan de pensiones tendrá un porcentaje mínimo obligatorio sobre su salario y, además, se puede pensar en fórmulas en las que la empresa asuma esta inversión mínima y el trabajador pueda complementarla voluntariamente. Pensad que hoy en día cada empresa paga más de un 30% de nuestro salario bruto al Estado en ese concepto, por lo que si les propones pasar a un 10% a nombre del trabajador estoy seguro que lo acogerán con los brazos abiertos.

La ventaja de este sistema es que el dinero en lugar de ir directo a los pensionistas, se invertiría y rentabilizaría durante años generando riqueza. De hecho, vamos a analizar un ejemplo de una empresa aportase un 10% de un salario de 1.000€/mes durante unos 45 años de vida laboral. Suponiendo un crecimiento del 8% anual de las empresas en las que se invierta el capital y una inflación del 2%, al cabo de 45 años tendríamos unas rentas por dividendos de 2.800€ netos mensuales deflactados.

Y eso sin tener que vender nuestra cartera y pudiendo heredarla nuestra familia. Esa misma persona cobraría una pensión del Estado, hoy en día, de 1.000€ pero dentro de 45 años, como ya hemos visto, probablemente su pensión sería de algo menos de 500€.

2.800€ con una cartera heredable vs 500€ no heredables. Parece que queda bastante claro que las pensiones merecen una buena reforma.

Este sistema existe en varios países ya, el precursor fue Chile pero otros países europeos como Suecia han comenzado a adoptar ese modelo creando un sistema mixto entre lo que tenemos en España y lo que existe en Chile.

Lamentablemente, pensar que en España ocurra un cambio como este es casi una utopía por lo que nos queda sólo la alternativa de preocuparnos nosotros por nuestras futuras pensiones.

Es aquí donde entra en juego el hecho de invertir en bolsa a largo plazo para vivir del dividendo.

¿Qué son los dividendos?

Os sorprenderíais de la cantidad de personas con formación universitaria que acaban preguntándome: ¿Qué son exactamente los dividendos? Así que empezaremos por lo básico y, como en todo el libro, trataré de explicarlo de la forma más sencilla que pueda.

Las empresas están para ganar dinero, eso lo sabemos todos, y lo que hacen para ingresar dinero es vender algo. Una vez lo han vendido habrán ingresado un dinero por ello y, a ese dinero, le restarán los gastos que han de asumir para llegar a venderlo. De esta resta nos quedan los beneficios. Pues bien, esos beneficios las empresas suelen utilizarlos básicamente para reinvertirlos en la empresa o para pagar a los dueños de la empresa.

Ese pago de una parte de los beneficios de la empresa a los dueños es el dividendo.

Una empresa no ha de pagar obligatoriamente dividendos, no obstante, los dueños de la empresa exigirán ese pago cuando lo vean oportuno. Y evaluarán a los directivos por su capacidad para generar más ingresos, más beneficios y más dividendos.

¿Y cómo llego a ser dueño de la empresa para cobrar los dividendos?

Fácil, comprando como mínimo una acción de la empresa. En ese sentido los dividendos son muy democráticos ya que la empresa define un pago de una cantidad fija por acción cada año. A más acciones tengas más te pagarán, pero pagarán proporcionalmente lo mismo por cada acción que poseas.

Muchos solemos hablar de una rentabilidad del 5% en tal empresa y tendemos a confundir a quienes no tienen claro el concepto de los dividendos. Cuando hablamos de ese 5% queremos decir que si la empresa paga 1€ por acción y ésta cotiza a 20€ ese 1/20 supone un 5% de rentabilidad por dividendo (RPD). Si la acción pasa a cotizar a 40€ los dividendos no crecen, siguen siendo de 1€ y la rentabilidad por dividendo pasa a ser 1/40, o un 2,5%.

Seguro que ahora tendréis muchas dudas al respecto de los dividendos y de la bolsa por lo que lo primero que vamos a hacer es hablar de uno de los estudios más importantes sobre la bolsa española.

Estudio de BME sobre la bolsa española

El objetivo de hablaros sobre este estudio es daros la confianza suficiente para que dejéis de tener miedo a la bolsa y a los dividendos. Para dar respuesta a algunas de las dudas que podáis tener a analizar un estudio de BME realizado en 2010 sobre el comportamiento de las inversiones entre 1980 y 2010. Durante estos 30 años, el estudio **compara la bolsa, la deuda pública y los depósitos a corto plazo**.

Cuando hablamos de deuda pública estamos refiriéndonos a Letras del Tesoro, Bonos del Estado u Obligaciones del Estado que, en los 3 casos se trata de deuda que emite España para que nosotros la compremos y nos remuneren con unos intereses. En este caso toman datos de lo que hoy serían Bonos a 5 años y Obligaciones a 10 años.

Para el caso de depósitos a corto plazo nos referimos a los clásicos depósitos que cualquier banco ofrece por un período temporal de entre unos meses y 2 años típicamente.

Para la bolsa nos referimos a la compra directa de acciones y para ello han tomado como referencia el Índice General de la Bolsa de Madrid (IGBM). **De este índice, a diferencia del Ibex 35, no salen y entran empresas si no que toma todas las empresas cotizadas. Desde las que quebraron hasta las que tuvieron mucho éxito.** En todos los casos se reinvirtieron los intereses cobrados y en todos los casos se muestran las cifras excluyendo ya la inflación.

Los datos son reveladores:
- Bolsa: 100€ invertidos se convirtieron en 1.862€.
- Deuda pública: 100€ se convirtieron en 518€.
- Depósitos: 100€ se convirtieron en 254€

Si lo miramos en rentabilidad anual acumulativa (por encima de la inflación):
- **Bolsa: 10,1%**
- **Deuda pública: 5,6%**

- **Depósitos: 3,1%**

Este estudio, como ya hemos comentado, analiza las inversiones desde 1980 a 2010. Es conocido por todos que en 2010 estábamos metidos en plena crisis por lo que el estudio no favorece los datos relativos a la bolsa. Si el estudio hubiera finalizado en un momento no tan extremadamente malo para la bolsa, los resultados serían todavía más abrumadores.

La conclusión es evidente: Invertir en bolsa es seguro. De hecho, a largo plazo, es la mejor inversión posible.

Capítulo 3:
¿Por qué vivir del dividendo y no de otras cosas?

Estoy seguro de que tendréis a algún conocido que viva sin trabajar. Ya sea porque vive de jugar al poker online, de hacer trading en bolsa o de alquilar algún piso.

Todas las opciones son válidas y respetables. Si ellos consiguen vivir sin trabajar... ¿quién soy yo para dudar de su método?

En este capítulo trataré de explicar la seguridad de las formas más típicas de tratar de vivir sin trabajar y las compararé con nuestro objetivo: vivir del dividendo.

Comprar pisos o invertir en bolsa

La vivienda, a diferencia de la bolsa, es un mercado bastante opaco. No obstante, he tratado de investigar para obtener algún dato fiable. El INE mide el dato del precio de la vivienda tan sólo desde 2007, el Ministerio de Fomento lo hace desde 1995. Son datos bastante cercanos en el tiempo por lo que los descarté en cuanto encontré el de la Sociedad de Tasación.

La Sociedad de Tasación mide el precio del metro cuadrado de vivienda nueva, sin embargo, una vez compramos una vivienda deja de ser vivienda nueva por lo que estos datos favorecerán los números relacionados con la inversión en vivienda. Los datos son de 30 años de duración, de 1985 a 2015.

Vamos a los números: La rentabilidad anual acumulada de la vivienda sin contar con la inflación es de un 6,3%. La inflación anual acumulada según el INE en ese período fue del 3,8% por lo que **la rentabilidad del precio de la vivienda en ese período es de un 2,5%. A este dato habría que sumarle el alquiler que podemos obtener por la vivienda y habría que restarle los costes que tiene una vivienda**: IBI, comunidad, reformas, etc.

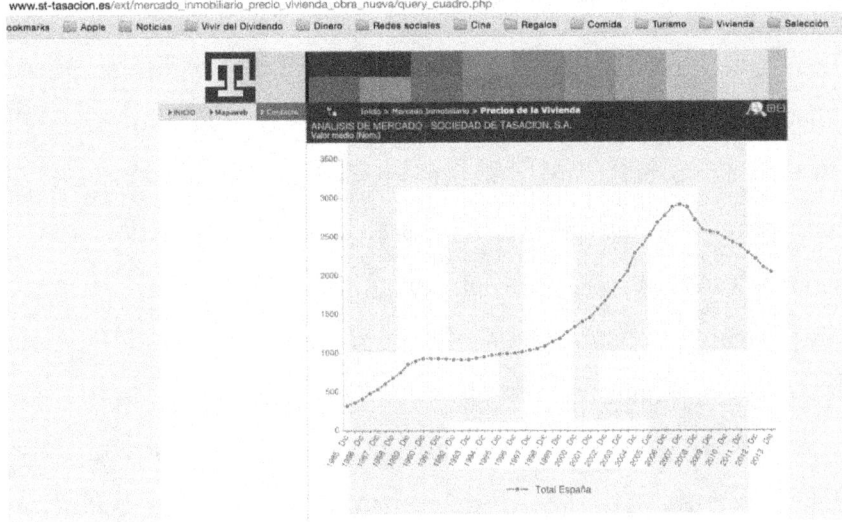

En 2015 el precio medio de compra de una vivienda nueva por metro cuadrado es de 2.030€ mientras que el precio medio del alquiler por metro cuadrado es de 7,01€/mes.

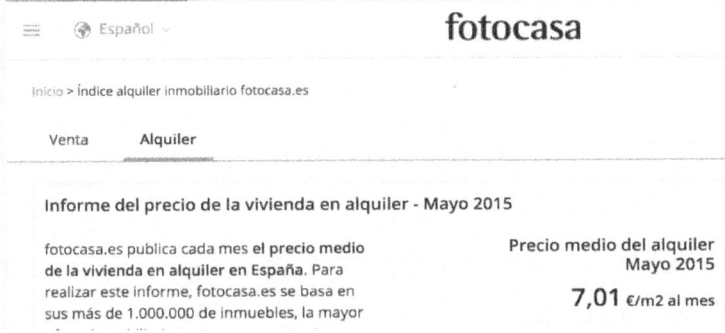

Los 7,01€ mensuales son 84,12€ anuales por metro. Esos 84,12€ sobre el precio de compra del metro cuadrado (2.030€) suponen una **rentabilidad anual del alquiler del 4,1%**. Si asumimos que tendremos el piso alquilado un 85% del tiempo la rentabilidad quedaría en un 3,5%. Por lo que el 2,5% anteriormente comentado (rentabilidad del precio de la vivienda) quedaría en un 6%. Como comenté antes habría que restar el IBI, comunidad, reformas, tiempo sin alquilar, etc. Estos serían los gastos anuales promedio según la Dirección General del Catastro:

Coste fijo anual de una vivienda en propiedad

Estimaciones sobre un piso medio

Cuota comunidad	Impuesto de Bienes Inmuebles (IBI)	Reparaciones varias	Seguro de hogar obligatorio	Tasa de Basuras
1.248 €	350 €	350 €	180 €	60 €
			TOTAL	2.188 €

Fuentes: Dirección General del Catastro, Colegio Profesional de Administradores de Fincas de Madrid, Rentalia y simuladores presupuestarios de aseguradoras.　　　　　　　　　　ELMUNDO.es

Según esa misma fuente a esto habría que sumarle 800€ cada 5 años para pintar la casa y 3.000€ cada 15 años para reformas como cambio de ventanas, puertas, suelo, etc. En total 2.548€/año. El estudio está hecho para un piso de 95 metros cuadrados por lo que el coste anual por metro sería de 26,82€. Sobre los 2.030€ de precio medio supondría un 1,3%, que restado al 6% nos arrojaría un resultado de una rentabilidad de la vivienda como inversión de un 4,7%.

Por tanto, **la rentabilidad total de una vivienda, sumando el incremento de precio y el alquiler percibido por ella y restando los gastos que genera, es del 4,7%.**

Podemos asegurar entonces que la vivienda posee una rentabilidad anual mucho menor a la de la bolsa. Como vimos en el estudio de BME del capítulo anterior, la bolsa posee una rentabilidad del 10,2% y la vivienda tan solo una rentabilidad del 4,7%.

Mucho podréis argumentar que justo ahora ha caído mucho el precio de la vivienda y que los datos saldrían mejor en otros períodos. Pues bien, si tomásemos los datos de 1985 a 2007 (pico de precio más alto) la rentabilidad anual acumulada de la vivienda excluyendo la inflación quedaría en un 8,9% frente al 10,2% de la bolsa.

Comparando el mejor momento de la historia de la vivienda contra un período malo de la bolsa, la bolsa tiene mayor rentabilidad.

Me temo que no Tangerine. Este es otro de esos dogmas culturales con los que tenemos que convivir. **Socialmente está mucho mejor visto invertir comprando un piso que invertir en bolsa**. Pero para eso estamos aquí, mi labor como Dr. Exo es la de ayudaros con datos y argumentos a que podáis llevar mejor el estigma social de invertir en bolsa.

¿Cómo tendríais más asegurados vuestros ingresos: recibiendo 20 sueldos de 20 empresas o recibiendo un solo sueldo de una única empresa?

Parece obvio pero a más fuentes de ingresos más seguridad. Comprando un piso de 200.000€ concentras todo tu riesgo en él. Sin embargo, con 200.000€ podrías invertir 2.000€ en 100 empresas y aunque quebraran 3 de ellas, el 97% de tus fuentes de ingresos se mantendría.

Vamos a echar cuentas. Según el estudio de la Sociedad de Tasación que vimos anteriormente, desde el pico más alto en 2007 (2.905€) ha bajado hasta 2.030€ en 2015. Esto supone una **bajada del 30,1% en 8 años**.

Vámonos al Ibex 35. En 2007 el pico más alto es de 15.890. En el verano de 2015 había bajado hasta 11.517. Esto supone una **bajada del 27,5%**.

¡Vaya hombre! ¡Si la vivienda **nueva** ha bajado más que la bolsa! Si tuviéramos datos de vivienda de segunda mano obviamente serían peores aún.

Pero es que en este análisis no estamos contando ni con el alquiler ni con los dividendos.

Ya hemos calculado la rentabilidad promedio del alquiler: 3,5%. En 8 años esto supone un 31%. Sobre la caída del 30% de precio nos quedaría una subida de la rentabilidad de la vivienda de algo más del 1% en estos 8 años.

Para los dividendos es mucho más sencillo. Existe el índice del Ibex 35 con dividendos:

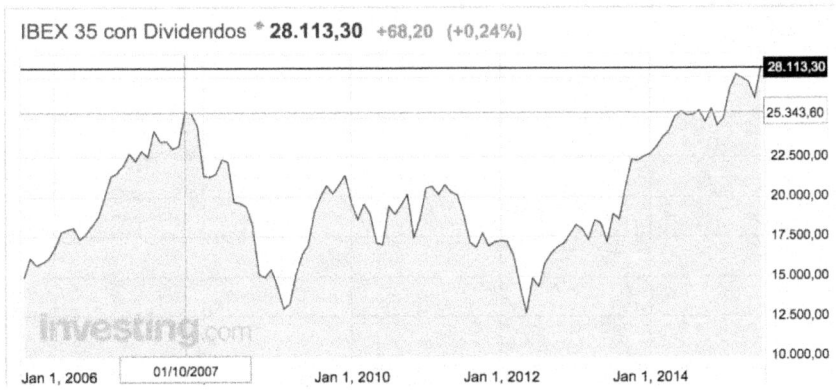

El pico más alto de 2007 es 25.343 y ahora mismo estamos en 28.113. Es decir una rentabilidad del **10,9% en 8 años**.

La conclusión es que **la bolsa no es más volátil es períodos de crisis. En estos 8 años la bolsa arroja un resultado de +10,9% y la vivienda del +1%.**

El problema, como siempre, son los prejuicios con los que nos encontramos. La bolsa va siempre asociada a la especulación, a hacerse rico o arruinarse en poco tiempo. En la televisión y la prensa leeremos uno de cada tres días titulares agresivos sobre las subidas o bajadas de la bolsa. Es lo que quieren, que penséis que es muy arriesgado y complejo. Así nunca os plantearéis invertir en bolsa y tendréis que depender del Estado toda vuestra vida. **¿Alguna duda más?**

Claro y si has comprado Inditex en 2014 habrás conseguido una rentabilidad cercana al 50% en 2016. Hablar de casos específicos no tiene mucho sentido.

Otra de las ventajas a favor de vivir del dividendo generado por tus acciones es que no requieren mantenimiento alguno para recibir el pago. La vivienda, como ya vimos anteriormente, requiere un mantenimiento en forma de IBI, comunidad, reformas, etc. y para recibir un pago en forma de alquiler necesitas buscar un inquilino y sufrir los quebraderos de cabeza que esto te puede generar.

Con esta información, espero haberos dado argumentos suficientes para demostrar que **es mucho más rentable invertir en bolsa a largo plazo que en vivienda.** Si os he convencido y tratáis de hablar del tema a vuestros amigos y familiares tened paciencia, los prejuicios sociales harán que no os quieran escuchar.

Entonces, si tengo un piso, ¿lo alquilo o lo vendo para comprar acciones?

Estamos ante una duda lógica para los tengáis un piso en propiedad. Vamos a intentar desgranar los gastos por vender un piso para ver que cantidad nos quedaría para invertirla en bolsa. Tras esto compararemos con lo que un alquiler podría generarnos.

Los impuestos que aplican a la venta de una vivienda son:

- **Plusvalía:**

Grava el incremento de valor que experimenta la vivienda. El tope a gravar son 20 años y el impuesto es de un 30% sobre el incremento de valor.

Pongamos un ejemplo para un piso que vendemos por 200.000€ y que nos costó hace 20 años 60.000€ (el incremento de precio cuadraría con el crecimiento del 6,3% anual que vimos anteriormente). Para el cálculo de la plusvalía se toma el valor catastral que hace 20 años era entorno al 57% del precio por lo que los 60.000€ del precio de compra se transformarían en 34.200€ de valor catastral.

El valor catastral, según el estudio que vimos anteriormente, se ha incrementado un 38% en los últimos 20 años por lo que los 34.200€ hoy serían 47.196€.

Por tanto, la base imponible para la plusvalía será: 47.196€ - 34.200€ = 12.996€. Sobre esta base se aplica un tipo máximo del 30% que, en nuestro caso, sería un pago de 3.898,80€.

-IRPF:

Si eres mayor de 65 años estás exento de pagarlo pero para el ejemplo tomaremos a alguien menor de esa edad.

En este caso, la base imponible se calcula restando al precio de venta el de compra: 200.000€ - 60.000€ = 140.000€.

El tipo a aplicar según los últimos cambios de Julio de 2015 sería en 3 escalones:

- Los primeros 6.000€ un 19,5% = 1.170€
- De 6.000€ a 50.000€ un 21,5% = 9.460€
- El resto a partir de 50.000€ un 23,5% = 21.150€

La suma total del IRPF a pagar sería de 31.780€.

Impuestos totales: Plusvalía + IRPF = 35.678€

Veo que vas haciendo progresos Gordon, el mal llamado Estado del Bienestar genera tal volumen de gastos que de alguna forma hay que mantenerlo. Confiscar a la gente lo máximo posible y hacerles creer que es por su bien es la mejor forma que los políticos han encontrado para mantener el mal llamado Estado del Bienestar. De momento, les ha salido la jugada redonda pero no cuentan con gente como nosotros, que desmontaremos todos sus argumentos sin piedad.

Volviendo al tema en cuestión, restando los impuestos totales al precio de venta tenemos la cifra final que nos queda libre de impuestos: 164.322€.

¿Qué rentabilidad podríamos sacarle vía **dividendos** a esa cantidad?

Para hacer este cálculo, tomaré 5 empresas clásicas de la estrategia enfocada a vivir del dividendo: REE, BME, ENG, ABE y MAP. El dividendo que generaría una cartera dividida a partes iguales adquirida en 2015 en estas 5 empresas, generaría una rentabilidad por dividendo del 5,46%. Eso significa unos ingresos anuales de 8.971€, o bien **747€ mensuales**.

¿Qué rentabilidad podríamos sacar al piso sin venderlo y **alquilándolo**?

El precio medio del alquiler es de 7,01€/mes por metro cuadrado y el de venta era de 2.030€ el metro. Como hemos considerado una venta de 200.000€ estaríamos hablando de un piso de unos 98,5 metros cuadrados. Esto significa que nuestros ingresos mensuales por alquiler serían de **690€** (98,5m x 7,01€/m).

La bolsa, a pesar de los impuestos relacionados con la venta del piso, es más rentable desde el día 1. Además, el crecimiento de los dividendos será mucho más alto que el de los alquileres, por lo que cada vez la diferencia entre alquilar y vender e invertir será mayor. Y nos quitamos de encima los quebraderos de cabeza de ser casero.

Cada caso será diferente y podrá haber variaciones, pero en términos generales, podemos decir que **vender un piso e invertirlo en bolsa es más rentable que el alquiler**.

La importancia del crecimiento de los dividendos

Acabamos de decir que los dividendos crecerán más rápidamente que los alquileres pero supongo que muchos se cuestionarán esta afirmación, por lo que os voy a dar algunos datos para entender la importancia del crecimiento de los dividendos en nuestra estrategia.

Para ello primero debemos calcular el crecimiento promedio de los dividendos. Tras buscar algún dato fiable sobre este tema he de decir que no he encontrado un buen dato al respecto. Por lo que tendremos que calcular un promedio a mano. Para ello tomaré 14 empresas clásicas de una cartera de dividendos que además llevo en mi cartera. Analizaré los datos más antiguos disponibles que pueda en cada acción.

Los datos que os voy a mostrar son relativos a la rentabilidad que cada año han tenido, es decir, si veis un 10% en 15 años significa que **cada año** ha crecido un 10% de media **durante cada uno de los 15 años**. Esta métrica se llama crecimiento del dividendo medio anual:

- **Red Eléctrica: 15%** (15 años)

- **Enagás: 15,5%** (12 años)

- **BME: 6%** (8 años)

- **Banco Santander: -0,5%** (12 años). En este caso es complejo de calcular por tantos años de scrip dividends. Hay datos desde 2003 y, por cada 100 acciones que tuviéramos en 2003, hoy tendríamos 142, un 42% más. En 2003 pagaban 0,303€ por acción y en 2015 pagan 0,20 que si los incrementamos un 42% serían 0,284€.

- **Abertis: 7,3%** (27 años). En este caso la rentabilidad del dividendo en efectivo es de un 2,3% al que habría que sumar una ampliación de 1x20 que realizan anualmente (+5% extra anual).

- **Mapfre: 9,8%** (11 años).

- **McDonalds: 20,3%** (39 años).

- **Coca-Cola: 10,5%** (45 años).

- **Inditex: 12,9%** (4 años).

- **Johnson & Johnson: 14,3%** (43 años).

- **Disney: 20,8%** (22 años).

- **Viscofan: 17%** (12 años).

- **Apple: 21%** (28 años). A pesar que durante 7 años no repartió dividendos siguió creciendo a estos ritmos anuales para los que mantuvieron las acciones.

- **Microsoft: 13,1%** (11 años).

Crecimiento medio del dividendo anual: 13,07% en una media de 20,6 años.

Si miramos sólo las españolas tenemos un crecimiento del 9,7% en 11,3 años. No está nada mal para incluir 8 años de los 11 en una de las mayores crisis de la historia.

Al observar las americanas vemos un crecimiento del 16,6% en 31,3 años.

Una vez cuantificado el crecimiento de los dividendos compararemos los rendimientos de:

1.- Lo que ocurre al recibir un dividendo del 5% sobre 1.000€ invertidos y reinvertirlos durante 20 años.

2.- Lo que ocurre al recibir un dividendo del 5% sobre 1.000€ invertidos, reinvertirlos durante 20 años y aplicar un crecimiento del dividendo anual del 13,07%.

Estos son los resultados:

SIN APLICAR EL CRECIMIENTO DE LOS DIVIDENDOS			
Año	Cantidad Invertida	Dividendos (%)	Dividendos (€)
1	1.000 €	5%	50
2	1.050 €	5%	53
3	1.103 €	5%	55
4	1.158 €	5%	58
5	1.216 €	5%	61
6	1.276 €	5%	64
7	1.340 €	5%	67
8	1.407 €	5%	70
9	1.477 €	5%	74
10	1.551 €	5%	78
11	1.629 €	5%	81
12	1.710 €	5%	86
13	1.796 €	5%	90
14	1.886 €	5%	94
15	1.980 €	5%	99
16	2.079 €	5%	104
17	2.183 €	5%	109
18	2.292 €	5%	115
19	2.407 €	5%	120
20	2.527 €	5%	126

APLICANDO UN 13% DE CRECIMIENTO DE LOS DIVIDENDOS			
Año	Cantidad Invertida	Dividendos (%)	Dividendos (€)
1	1.000 €	5%	50 €
2	1.050 €	6%	59 €
3	1.109 €	6%	70 €
4	1.179 €	7%	82 €
5	1.261 €	8%	97 €
6	1.358 €	9%	114 €
7	1.472 €	10%	135 €
8	1.607 €	12%	159 €
9	1.766 €	13%	188 €
10	1.954 €	15%	222 €
11	2.176 €	17%	262 €
12	2.438 €	19%	309 €
13	2.747 €	22%	364 €
14	3.111 €	24%	430 €
15	3.541 €	28%	507 €
16	4.048 €	31%	599 €
17	4.647 €	35%	706 €
18	5.353 €	40%	834 €
19	6.187 €	45%	984 €
20	7.171 €	51%	1.161 €

Como veis sin tener en cuenta el crecimiento de los dividendos, a pesar de reinvertir lo cobrado, nos quedaremos en 126€

cobrados en el año 20. Viendo el mismo caso con el crecimiento del 13% que hemos calculado, tendremos 1.161€ cobrados.

Con este estudio acabamos de descubrir la clave de esta estrategia de inversión: **el interés compuesto**. A más tiempo transcurra, más efecto tiene el crecimiento de los dividendos.

Invertir en fondos de inversión o en acciones:

Ya hemos llegado a la conclusión de que la inversión en bolsa a largo plazo es más rentable que en depósitos o deuda del Estado. También hemos visto que la inversión directa en acciones es más rentable que la inversión en vivienda.

Una vez eliminados los sospechosos habituales que suelen acumular la gran parte de la inversión de los españoles:

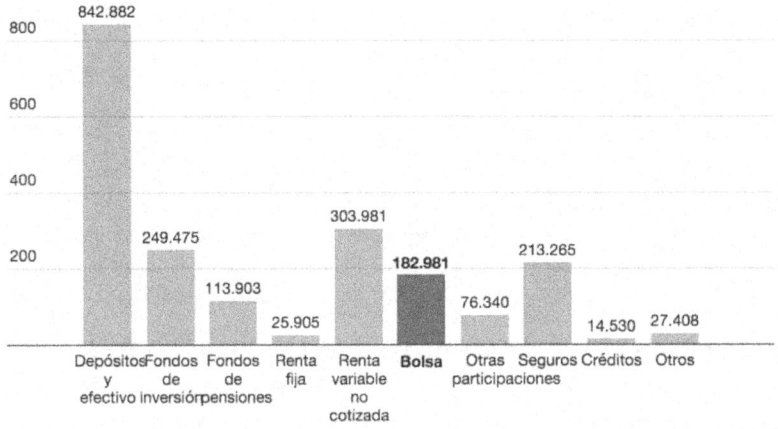

Queda claro que **la inversión en bolsa a largo plazo es donde debemos centrarnos**. Para ello tenemos varias opciones:

- Fondos de inversión
- ETFs
- Planes de jubilación.
- Comprar acciones de empresas directamente.

Como ya habréis intuido la preferencia del Dr. Exo se centra en la compra de acciones de empresas de forma directa. Antes de comenzar, me gustaría destacar que si estás invirtiendo en cualquiera de estas opciones empiezas a ir por un camino diferente al de los demás. Comienzas a despertar, el tratamiento funciona.

En esta ocasión **nos centraremos en los fondos de inversión para ver las ventajas e inconvenientes que poseen éstos sobre la compra directa de acciones.**

Un fondo de inversión es un vehículo financiero creado por un banco o gestora de fondos. En él se siguen unos criterios para incorporar activos a ese fondo. Los activos pueden ser desde deuda de un Estado, pasando por acciones de empresas y llegando a cosas más complejas como derivados y futuros.

Analicemos pues si es mejor invertir en fondos de inversión o acciones:

Ventajas de un fondo sobre las acciones:

- *Diversificación más rápida*:
  Con muy poco capital puedes tener inversión en muchas empresas de muchos países y sectores diferentes.

- *Fiscalidad*:
  Puedes trasladar el capital de un fondo a otro sin pagar impuestos por ello. Es una ventaja aunque las acciones no tienes necesidad de trasladarlas por lo que tampoco es algo diferencial.

Inconvenientes de un fondo sobre las acciones:

- *Seguridad*:

    Cuando inviertes en un fondo no posees los activos que el fondo posee si no una participación de un fondo creado por un banco o gestora. Si ese banco o gestora quiebra puedes perder todo tu dinero. Con las acciones, si una empresa quiebra puedes tener otras 20 y perder menos de un 5% de tu dinero.

- *Son caros*:

    Te cobrarán entre un 1% y un 2% del total de tu capital cada año. Eso puede lastrar enormemente su rentabilidad. Las acciones en muchos brokers no tienen ningún tipo de gasto.

- *Difíciles para vivir de ellos*:

    Cuando creas que tengas suficiente capital como para vivir de ello, para capitalizar un fondo debes vender participaciones. Esto generará una clara duda sobre si estás vendiendo demasiadas participaciones. ¿Te llegará toda la vida? O igual vendes muy poco y llevas una vida mucho más austera de lo que podrías permitirte. Con las acciones es tan sencillo como gastarte los dividendos que cobres. Éstos se irán incrementando por encima de la inflación sin que hagas nada. Fácil, ¿verdad?

- *Transparencia*:
  En muchas ocasiones es complicado entender exactamente en qué productos invierte el fondo mientras que invirtiendo en acciones tu controlas donde está tu dinero.

Lo que suelen argumentar quienes prefieren los fondos de inversión suele ser:

- *No tengo tiempo para elegir las empresas*:
  Y para elegir un fondo, ¿qué haces? ¿No lo analizas? El tiempo es idéntico y elegir mal un fondo es lo mismo que elegir mal las acciones.

- *Prefiero un profesional gestionando mi dinero*:
  Bajo mi punto de vista, los buenos profesionales de la gestión de activos son realmente escasos. Y los pocos que son buenos se centran en estrategias de corto plazo

para lograr rentabilidad inmediata. La gran mayoría no poseen una visión holística de las inversiones y ni siquiera conocen en profundidad muchos de los temas que aquí tratamos.

- *Diversifico más en países que no conozco*: Sinceramente, si no los conoces, no inviertas en ellos.

Conclusión:
Invertir en acciones tiene muchas más ventajas que invertir en fondos de inversión. Por todas las razones que hemos visto, **os recomiendo la compra de acciones antes que la compra de fondos de inversión.**

Invertir en planes de pensiones o acciones:

Como os comenté en el primer capítulo, hace unos años que logré despertar de mi letargo financiero. Hasta ese momento no paraba de gastar mi dinero en cosas que no necesitaba. Ahorrar me parecía algo para privilegiados, algo que no estaba a mi alcance. Tras varias lecturas interesantes y una profunda reflexión sobre mis finanzas personales, comencé a buscar alternativas que me permitieran garantizar mi futuro financiero.

Mi primer planteamiento fue poco elaborado. Si ya existe un producto que está destinado a complementar una futura pensión, ¿por qué iba a plantearme algo más? Investigué un poco en mi banco habitual y encontré un plan de pensiones que parecía interesante. Ventajas fiscales, buena rentabilidad y un futuro garantizado, el plan de pensiones parecía la opción perfecta.

Pero... vamos a analizar las características de los planes de pensiones:

- *Ventajas fiscales:*
  Deducción de la base imponible del IRPF por un máximo de la menor de las siguientes cantidades: 8.000€ o el 30% de los rendimientos netos del trabajo y de actividades económicas. Esto reducirá tu tipo medio de IRPF en tu próxima declaración de la renta. En el mejor de los casos te ahorrarás el tipo de IRPF de la

franja más alta que pagues (actualmente el máximo es un 47%) multiplicado por los 8.000€. El máximo ahorro posible sobre los 8.000€ es de 3.760€. ¡No está nada mal!

- *Rentabilidad:*

    Tenemos todo tipo de planes de pensiones, desde planes únicamente basados en renta fija, basados en renta variable e incluso mixtos. Podríamos estar hablando de rentabilidades de entre el 2% y el 10% en función del tipo de plan.

- *Comisiones:*

    Actualmente la comisión máxima anual es de un 1,75%. Pensad que si sumamos la comisión del 1,75% a un promedio de un 2% de inflación, estamos hablando de que sólo para mantener el valor de nuestro dinero necesitaremos una rentabilidad del 3,75%.

- *Recuperación de la inversión:*

    Una de las novedades de la última reforma es que actualmente podemos recuperar lo invertido a los 10 años. Lo lamentable de la recuperación de la inversión de un plan de pensiones es que deberemos pagar IRPF por el capital que rescatemos, ya sea a modo de ingresos periódicos o de golpe.

- *Dificultad para vivir de un plan de pensiones:*
  Cuando llegue el momento de tu jubilación y quieras disfrutar de tu plan de pensiones, ¿qué será mejor: rescatarlo en forma de capital o de rentas? Sea de la forma que sea, seremos nosotros quienes tengamos que decidir cuánto gastar y correremos el riesgo de no saber si estamos gastando de más o de menos. Puede que tras toda una vida ahorrando se nos acaben antes de lo previsto los fondos del plan de pensiones por una mala planificación. O incluso puede que vivamos muy por debajo de nuestras posibilidades por gastar mucho menos de lo posible. Con la inversión directa en acciones es tan sencillo como gastarte los dividendos que cobres. Éstos se irán incrementando por encima de la inflación sin que hagas nada. Fácil, ¿verdad?

- *Bonus:*

    Sí, amigos. Los planes de pensiones tienen un característica que los hace muy muy peligrosos en algunas ocasiones. Es un instrumento que algunos **Estados pueden expropiar fácilmente** para incorporarlo a los planes de pensiones públicos. Sí, es lo que estás pensando. Después de toda una vida ahorrando, llega un político y te lo quita todo. Y te tienes que conformar porque el político te dará una pensión pública 10 veces más baja que lo que ibas a percibir con tus ahorros. Puedes pensar que es improbable que esto suceda pero ya ha pasado en Argentina y en Bolivia. Pero no sólo ha ocurrido en latinoamérica, tenemos ejemplos en Europa como Polonia y Portugal.

Gordon, no es necesario recurrir a cálculos de rentabilidad para darnos cuenta que los planes de pensiones son instrumentos con los que el gobierno juega para tener liquidez extra al alcance de su mano. Bajo mi punto de vista, este producto financiero es un engaño, un timo. **El banco gana la comisión anual mientras tengas el dinero en el plan y el Estado puede expropiar el dinero cuando le venga en gana. Un negocio redondo para ambos**.

Tras este análisis tan esclarecedor, queda claro que **los planes de pensiones no son una buena inversión**.

Invertir en ETFs o en acciones

Anteriormente hemos visto que la inversión en bolsa a largo plazo es más rentable que los depósitos o deuda del Estado. También hemos visto que la inversión directa en acciones es más rentable que la inversión en vivienda. Y por último, hemos comparado la inversión directa en acciones contra la inversión en fondos de inversión y contra los planes de pensiones. En todos los casos saliendo la inversión en acciones victoriosa.

Dentro de las opciones que hemos visto anteriormente:

- Fondos de inversión.
- ETFs.
- Planes de pensiones.
- Comprar acciones de empresas directamente.

Sólo nos quedaba analizar los ETFs, por lo que **nos centraremos en los ETFs para analizar las ventajas e inconvenientes que poseen éstos sobre la compra directa de acciones.**

Un ETF es un vehículo financiero creado por un banco o gestora. En él se siguen unos criterios para indexarse a ciertos activos, normalmente índices como el Ibex 35, Eurostoxx 50 o S&P 500. Al no requerir una estrategia activa de rotación de valores suelen tener bajas comisiones. El objetivo de un ETF que se indexa al Ibex 35 sería replicar los resultados de éste, facilitando al inversor la posibilidad de, con una sola compra, invertir en las 35 empresas del Ibex 35.

Analicemos pues si es mejor invertir en un ETF o acciones:

Ventajas de un ETF sobre las acciones:

- *Diversificación más rápida*:
  Con muy poco capital puedes tener inversión en muchas empresas de muchos países y sectores diferentes.

- *Fiscalidad*:
  En un ETF puedes decidir que los dividendos cobrados se acumulen en él, evitando así los impuestos temporalmente. Es una ventaja aunque al recuperar el capital del ETF (al venderlo) tendremos que hacer frente a esos impuestos.

Inconvenientes de un ETF sobre las acciones:

- *Seguridad*:

Cuando inviertes en un ETF no posees los activos a los que éste se indexa si no una participación de un vehículo de inversión creado por un banco o gestora. Si ese banco o gestora quiebra puedes perder todo tu dinero. Con las acciones, si una empresa quiebra puedes tener otras 20 y perder menos de un 5% de tu dinero.

- *Difíciles para vivir de ellos*:
Cuando creas que tengas suficiente capital como para vivir de ello, para capitalizar un ETF debes vender participaciones. Esto generará una clara duda sobre si estás vendiendo demasiadas participaciones. ¿Te llegará toda la vida? O igual vendes muy poco y llevas una vida mucho más austera de lo que podrías permitirte. Si eliges un ETF de reparto recibirás una renta por los dividendos cobrados pero perderás la ventaja fiscal de la que hablábamos anteriormente.

Lo que suelen argumentar quienes prefieren los ETFs suele ser:

- *No tengo tiempo para elegir las empresas*:

Está claro que con un ETF la inversión es sencilla. Para mi, es la segunda mejor alternativa donde invertir. No obstante, imaginando que te indexas a un ETF del Ibex 35 podrías entrar en empresas como Bankia o Sacyr. Empresas que yo nunca elegiría para formar parte de mi cartera por diversos motivos.

- *Diversifico más en países que no conozco*: Sinceramente, si no los conoces, no inviertas en ellos.

Conclusión:

Los ETFs son una buena forma de invertir pero invertir en acciones tiene más ventajas, sobre todo respecto a la seguridad jurídica. Por todas las razones que hemos visto, **recomiendo la compra de acciones antes que la compra de ETFs.**

Capítulo 4
¿Cómo vivir del dividendo?

Vivimos en una sociedad esclava de sus costumbres. La gente hace las cosas porque es lo habitual, lo que todo el mundo hace. Todos queremos un coche más grande, un móvil más nuevo o una casa mejor. Así empezaba el este libro y así quiero volver a empezar este capítulo.

Y es que **nadie te va a juzgar por endeudarte** para pagar cualquiera de las cosas socialmente aceptadas (coche, casa, electrodomésticos, etc.). Sin embargo, atrévete a hacer algo que la sociedad no tenga por normal y prepárate para oír los comentarios y opiniones de todo aquel al que se lo comentes. Todos **los que estáis leyendo este libro pensáis diferente**, os habéis atrevido a plantearos hacer algo poco común y **eso nunca resulta sencillo**.

La sociedad actual ansía poseer productos que no saben usar, comprar ropa que nunca llegarán a ponerse o aparentar tener más éxito en la vida a través de sus posesiones. Son sensaciones tan comúnmente aceptadas que nadie se plantea.

A la hora de plantearnos el futuro, la sociedad **delega todas sus responsabilidades en el Estado**. Nadie piensa en una alternativa diferente a recibir una pensión después de trabajar hasta los 65 años, 67 o cuando quiera el político de turno. Estos pensamientos tienen **el mismo efecto en nosotros que la rueda de hámster** en un roedor, siempre estaremos trabajando para conseguir el siguiente paso sin llegar a ninguno de nuestros verdaderos objetivos. Creemos que somos libres pero lo único que hacemos es seguir el guión marcado. Sólo seremos realmente libres cuando las únicas obligaciones que tengamos sean autoimpuestas, nadie que trabaje por necesidad es totalmente libre.

Queremos alcanzar esa libertad y la forma más sencilla de lograrlo es que el dinero no sea un problema en nuestra vida.

Hombre Leo, ¡pues echándome esas siestas no! Las claves para conseguirlo son:

- Liberarte de deudas
- Reducir tus gastos
- Invertir en activos
- Tener un plan y mantenerlo.

Si trazáis un plan, tras años de trabajo lograréis la independencia financiera y con ella la libertad de hacer con vuestro tiempo lo que queráis. Para algunos la libertad consistirá en no trabajar y para otros será trabajar en lo que realmente siempre han querido. Habrá quien quiera tumbarse en el sofá 8 horas al día y quien pueda llevar a cabo todos sus sueños y le sigan faltando horas del día.

Tenemos que ser **pacientes**, tenemos que ser **persistentes** y **confiar** en la estrategia que seguimos, en unas décadas muchos de nosotros **seremos realmente libres**.

Liberarte de deudas:

Probablemente no hayas sido capaz de llegar hasta el día de hoy sin endeudarte, es lógico, la sociedad nos conduce a ello. Yo mismo aún poseo deudas, la más grande es la más común, la hipoteca.

Cuando empezamos a pensar en la independencia financiera, lógicamente, pensamos en un escenario en el que no tenemos deudas. Es por ello, que si hoy en día tenemos algún préstamos a nuestro nombre establezcamos un plan de amortización para liquidarlo antes de llegar a vivir del dividendo.

Centrándonos en la deuda más común y más elevada a la que solemos hacer frente, la hipoteca, cuando hablamos de su amortización siempre genera polémica sobre si es mejor amortizar cuota o plazo. El problema que surge en las distintas opiniones que solemos leer sobre él es que se compara el dinero en diferentes momentos temporales.

Todos tenemos claro que el dinero de hoy no vale lo mismo que el dinero del futuro. Si lo vemos a la inversa queda clarísimo.

¿Cuánto costaba una entrada de cine hace 8 años?

Por suerte, el Dr. Exo antes de tratar a sus 3 pacientes dedicó 1 año de su vida a vender entradas de cine hace 8 años. Costaban 6,90€. ¡Y sin día del espectador ni nada! En ese mismo cine, hoy cuesta 9,90€ la entrada. ¡3€ más cara! Ha subido más de un 43% la entrada en cuestión de 8 años. Ya sé que el IVA subió del 8% al 21%, eso supone un 13% de subida, si lo excluimos del 43% aún nos queda una subida del 30%. Si sigue esa misma tendencia, dentro de 8 años la entrada costará unos 13€.

Con estos números queda claro que 9,90€ de hoy valen mucho más que 9,90€ de dentro de 8 años. Con los de hoy podemos ir al cine, con los 9,90€ de dentro de 8 años no podremos hacerlo.

Es la clásica pregunta que encontramos en multitud de foros y blogs. Pongamos un ejemplo de una hipoteca de 200.000€ a la que le quedan 30 años con Euribor (0,17%) +1% en la que queremos amortizar 10.000€.

Por supuesto, esta pregunta suele estar acompañada de la siguiente respuesta: "Si amortizas plazo te quitarás 21 cuotas a 659,02€ y una parte de otra cuota (224,38€). Esto supone un ahorro de 14.063,80€ mientras que si amortizas cuota te ahorrarás 32,96€ al mes durante 30 años de hipoteca que son 11.865,60€. ¡Amortiza contra plazo que te sale más de 2.000€ mejor!

A primera vista hasta nos puede convencer pero si lo pensamos un poco... los 14.063,80€ de la reducción de plazo los dejaremos de pagar dentro de 28 años y 2 meses mientras que los 32,96€ mensuales que nos ahorramos reduciendo cuota nos los quitamos desde el mes 1 al último mes. Recordemos el ejemplo del cine, el dinero de hoy no vale lo mismo que el dinero de dentro de unos años por lo que, deberemos llevar al mismo momento temporal ambos ahorros para poder compararlos.

Para hacer esto sólo hay que multiplicar la cantidad por $(1+r)^n$ donde r es el interés y n es el número de períodos.

Para calcular contra plazo:

En este caso, deberemos llevar las 21 cuotas ahorradas al final del período (30 años) para luego traerlas al día de hoy. Al ser 21 cuotas mensuales dividimos el interés entre 12 para tener un interés mensual: 1,17%/12=0,0975% (quitando el % sería 0,000975). Para llevar la primera cuota ahorrada a dentro de 21 meses haremos: 659,02€ x (1+ 0,000975)^21. A esto le sumaríamos la siguiente cuota: 659€ x (1+ 0,000975)^20 y así hasta la última cuota. Además habría que llevar la cuota parcial que nos ahorramos de 224,38€: 224,38€ x (1+ 0,000975)^22.

Esto suma un total de 14.218,06€. Para no perdernos, esta cifra es el resultado de llevar el ahorro de las cuotas canceladas al amortizar por plazo al final del plazo, al año 30. Para traerlo al día de hoy en lugar de multiplicar, dividiremos esa cantidad: 14218,06€ / (1+ 0,000975)^360 = 10.011€. Se parece mucho a los 10.000€ iniciales que queremos amortizar, ¿verdad?

Para calcular contra cuota:

En este caso cogeremos cada una de las cuotas ahorradas de 32,96€ y las traeremos al día de hoy. Para traer la última cuota la operación sería 32,96€ / (1+0,000975)^360, para la siguiente 32,96€ / (1+0,000975)^359 y así hasta la primera cuota. Después las sumaremos todas. El resultado es: 10.003€.

Conclusión:

Amortizar contra cuota **es lo mismo** que amortizar contra plazo. La **ventaja de amortizar contra cuota es que reduces tu riesgo** al tener una cuota más baja. Además, si cada año amortizas una cantidad de tu hipoteca, se cancelará totalmente en el mismo momento lo hagas contra cuota o contra plazo.

Reducir tus gastos:

Supongo que ahora estás pensando en cuantos años liquidarás tu hipoteca o tus préstamos. Más adelante os pondré un plan para definir los pasos que todo aquel que quiera alcanzar la independencia financiera debe seguir por lo que no te preocupes ahora en echar números. Es mejor que vayas quedándote con los conceptos para después desarrollar un plan.

El siguiente paso a seguir sería el de reducir tus gastos mensuales. La mayoría de la gente suele decir que no llega a fin de mes y que ahorrar es para privilegiados. No les culpo, yo mismo pensaba así hace unos años.

La clave para poder invertir es tomar la inversión como uno de esos recibos que te llega a principios de mes. Lo apartas, lo inviertes y ya no existe para ti. Pero, ¿cómo hacer eso si no llegas a fin de mes? Reduciendo tus gastos. Os pongo algunos ejemplos sencillos que casi todos podréis seguir:

1.- Reducir tus gastos con el seguro del coche:

Muchos conoceréis en lo que consiste un seguro con franquicia pero siendo sincero, hace unos años yo no conocía los detalles de cómo funcionaba, esos eran los mismos años en que no me salía del redil, abrazaba los dogmas culturales en los que había sido educado y frases como las siguientes eran inquebrantables para mi:

"Si no tienes dinero para comprar un coche pides un préstamo."

"Comprar una casa sin hipoteca es imposible".

"Con el seguro del coche lo mejor es a todo riesgo y te evitas problemas".

La educación financiera que recibimos es nefasta. No es que sea inexistente, es peor, es negativa. Lo poco que enseñamos a la gente es que se endeude y que gaste sin sentido.

En ese camino de liberación mental una de mis grandes reflexiones fue sobre el seguro de mi coche. Hablando con un buen amigo le trataba de explicar porque con mi seguro a todo riesgo era feliz. Podía dar 3 partes al año y no tenía preocupaciones. Incluso los 900€ que pagaba no me parecía algo desorbitado.

Lo del seguro con franquicia me sonaba raro. Lo único que sabía es que por cada parte que diera tendría que pagar. Mi amigo me explicó que pagaba 350€ por un seguro a todo riesgo con franquicia de 150€. Esto suponía que por cada parte que diera siendo culpable pagaría un máximo de 150€. Y resalto lo de culpable, si no eres culpable del siniestro no tendrás que pagar nada.

La ventaja que él tenía era que, aún dando 3 partes al año en los que fuera culpable y 3 donde no lo fuera, pagaría los mismos 900€ que yo.

Entonces, ¿por qué pagar 900€? Si repaso mis 12 años como conductor, he dado 3 partes y sólo 1 de ellos como culpable. He pagado 550€ extra cada año durante 11 años y 400€ extra un año (el único que hubiera tenido que pagar la franquicia). En total 6.450€. Un 30% de lo que costó mi último coche.

Como bien os imagináis hace 2 años cambié de compañía aseguradora. Ahora **tengo un seguro a todo riesgo con franquicia** de 150€ por el que pago 350€ al año. Además mi seguro tiene promociones por conseguir nuevos asegurados y me ahorré 100€ en la última renovación gracias a que 2 amigos siguieron mis consejos.

¿Queréis otra cifra interesante? Si invertimos esos 550€ cada año y reinvertimos sus dividendos con nuestra estrategia, en 20 años tendremos 42.000€.
Merece la pena el esfuerzo, ¿verdad?

2.- Reducir tus gastos al echar gasolina:

Todos aquellos que tenéis coche sabéis que es una mala inversión lo miremos por donde lo miremos:

- Es un gran desembolso.

- Si lo compras financiado es **mucho** más caro.
- Hay que pagar un seguro obligatoriamente.
- Tenemos que hacer frente a revisiones periódicas.
- Hemos de pagar impuestos adheridos como el de circulación.
- La gasolina será un coste muy elevado al que deberemos hacer frente.

Si aún no te has comprado un coche o estás planteándote renovarlo te aconsejo que lo pienses un tiempo más y reflexiones al respecto. Hay veces que es necesario pero, en muchas otras ocasiones, nos saldría más económico alquilar un coche cuando lo necesitemos.

El tema que hoy nos ataña es el de **ahorrar en gasolina**. En mi familia, la gasolina supone un gasto anual de más de 1.500€. Ocupa un lugar importante en nuestro presupuesto familar y, por tanto, es de esas partidas donde debemos mirar si podemos ahorrar algo.

De todas las opciones que conozco puedo recomendar dos de ellas:

- **Lo que yo hago:**

Vivo cerca de una gasolinera de un famoso hipermercado francés que te devuelve un cheque por valor del 8% de toda la gasolina que repostes en sus gasolineras.

Trimestralmente te lo envían y lo puedes gastar en cualquiera de sus productos. En nuestro caso, nos llegan aproximadamente unos 40€ que gastamos en productos frescos de alimentación, donde no pagamos IVA.

Este 4% de IVA superreducido que nos ahorramos, hace que nuestra gasolina tenga un valor de de un 8,32% en lugar del 8%. Además, sobre lo comprado, acumulamos un 1% de esa cantidad para el siguiente cheque por lo que la cifra sube a un 8,4%.

Por último, a esto hay que añadirle que la gasolina es más barata. En mi caso, entre un 2,6% y un 5% más barata que las más cercanas a mi domicilio.

La cifra final de ahorro en gasolina, en mi caso, queda en entre un 11% y un 13,4%, y aunque no solemos comprar habitualmente en este hipermercado, para mi es la mejor forma de rentabilizar lo que gasto en gasolina.

- Lo que he escuchado que otros hacen y me parece interesante:

Existe un círculo de conductores del que he leído algo al respecto. Por lo que tengo entendido es una agrupación de compradores de gasolina que negocian descuentos con las gasolineras. Nunca lo he utilizado porque en mi caso ahorro más con la opción que os comenté, pero por lo que leí la mejor combinación la consigues acumulando los siguientes descuentos:

- Descuento por pertenencia al club de entorno al 5% que te ingresan en tu cuenta.

- Descuento con el hipermercado antes mencionado del 4% del total en un cheque trimestral idéntico al comentado en el caso anterior.

- Tarjeta de la gasolinera: 5% del total.

Además, en el círculo de conductores creo que recibes una remuneración extra si alguien se apunta de tu parte. En este caso el ahorro sería de entorno al 14% pero quitando la diferencia de precio de la gasolina, en mi caso, saldría un poco peor y más complejo por tener que usar 3 programas de descuento en lugar de uno.

Estas dos son las mejores opciones que he encontrado pero seguro que vosotros conocéis otras alternativas para ahorrar dinero en gasolina.

Pues sí Gordon, eso es lo que no podemos hacer, ser perezosos con nuestro dinero. Con estas alternativas tenemos una forma muy sencilla de ahorrarnos entre un 11% y un 13% de una partida de gastos verdaderamente importante. En mi caso, con lo que ahorro al año haciendo esto, hago 4 compras de comida al año ¡y no veais lo bien que sienta comer gratis!

3.- Reduce tus gastos en café:

Tomar café es algo muy común. Personalmente no me gusta el café y no lo tomo más que un par de veces al año cuando tengo la necesidad de no quedarme dormido. El caso es que prácticamente todo el mundo toma café. Es una práctica tan habitual, que incluso se utiliza coloquialmente el *"¿quedamos para tomar un café?"* aunque no vayas a tomar café.

Prácticamente nadie se cuestiona lo que gasta en café en un día normal. A diario veo a la gente tomar café y hacerlo comprándolo en máquinas o en bares. Puede que esta sea una de esas cosas en las que podríamos ahorrarnos algo de dinero.

Vamos a echar cuentas:

Pongamos un promedio de 3 cafés diarios y digamos que uno de ellos es en un bar y los otros dos en máquina. Un bar por el que siempre paso veo que el precio es de 1€. En la máquina más cercana 0,35€, por lo que podemos decir que el gasto en café promedio de una persona que toma café es de 1,70€.

Con estos números, tendríamos un presupuesto anual de 620€ para tomar 3 cafés al día fuera de casa.

Tranquilos, ¡no os voy a quitar vuestro café! Pero estoy seguro de que podemos encontrar una alternativa más barata de tomar café. Pensemos en hacer el café en casa y llevarlo en un termo listo para servirlo y calentarlo. Según un estudio de la OCU vemos que podemos conseguir un café hecho en casa por 0,12€, por lo que el gasto de 3 al día sería de 0,36€.

Por tanto, tomar 3 cafés al día fuera de casa pero hecho por nosotros, nos saldría por 131€ al año.

Los números hablan por sí mismos. Haciendo café en casa podríamos ahorrar 489€ al año. Las grandes cifras se construyen poco a poco. Cuando trato de evangelizar a la gente sobre los beneficios que tiene la inversión en bolsa a largo plazo, una de las objeciones que siempre surge es la de *"yo no puedo ahorrar"*. Pues si tomas café, puedes ahorrar.

Como os decía, las grandes cifras se construyen poco a poco. Si nos ahorramos estos 489€ al año durante 40 años de vida laboral, los invertimos en bolsa y reinvertimos los dividendos cobrados. En 40 años tendremos algo más de 900.000€ sin deflactar o 435.000€ deflactados. Éstos generarían un salario neto mensual de algo más de 1.300€. No está mal, ¿verdad?

En nuestra estrategia la clave es el tiempo y 40 años es mucho tiempo. Ahorrar tomando café podría pagar nuestra jubilación generando un salario neto de más de 1.300€/mes.

Podéis echar vuestros propios cálculos, yo he tomado los 489€ con un crecimiento del 2% anual, una inflación del 2% y un crecimiento del 10% de los dividendos.

Por supuesto, esto es una generalización y puede que muchos de vosotros gastéis menos en café. Pero también habrá muchos que gastéis más. **Lo importante no es el número en cuestión sino plantearse que con acciones tan sencillas como esta podemos ahorrar e invertir un dinero que nos ayudará en el futuro a tener unos ingresos extra.**

4.- Reducir tus gastos al cambiar de hipoteca:

Si tienes la desgracia de, como yo, haber contratado una hipoteca y te has comprometido a pagar tu vivienda a plazos a tu banco durante los próximos 30 o 40 años, a estas alturas ya sabes que es probablemente una de las peores decisiones que has tomado en la vida.

Antes de despertar de mi letargo financiero yo pensaba que tener hipoteca era algo incuestionable. Algo que todo el mundo necesitaba contratar para poder comprar su casa. Y, por supuesto, comprar casa en lugar de alquilar era lo que la gente debía hacer. Esa mentalidad y esos prejuicios son los que me hicieron contratar una hipoteca por 200.000€.

¡De nada Leo! Desde luego, tú pasas más horas en ella que yo… Volviendo al tema, las condiciones que tengo son Euribor + 1,15% siempre que cumpla varias condiciones:

- Contratar seguro de vida.

- Contratar seguro de hogar.

- Tener un saldo medio en la cuenta superior a una cuota de hipoteca.

- Realizar 3.000€ de compras con la tarjeta de crédito.

- Tener domiciliados al menos tres recibos.

Y por si no fuera suficiente, me obligaron a tener **tres personas como avales**.

Tras contratar la hipoteca, los diferenciales se dispararon hasta llegar a verlos a niveles del 2,5%. Posteriormente han ido bajando gradualmente y hoy en día es fácil ver diferenciales del 1%.

Empecé a plantearme la subrogación de la hipoteca a otro banco con la idea de **eliminar los avales.** Pero tras realizar analizar la situación y llegar a la conclusión de que lo ideal es reducir cuota en lugar de plazo al amortizar la hipoteca, pensé en formas de reducir la cuota mensual de mi hipoteca.

Se me ocurrió que al cambiar la hipoteca de banco podría solicitar ampliar el plazo de los 30 años que me quedan a 40 años. Incluyendo los gastos de la subrogación, realizando este cambio la cuota pasaría de 610€ a 485€. **Un ahorro mensual de 125€, o lo que es lo mismo: 1.500€ al año.**

Aunque mi diferencial se reducirá del 1,15% al 0,99%, al ampliar el plazo de 30 años a 40 acabaría pagando algo más en el total de la hipoteca. No obstante, mantengo el propósito de ir realizando amortizaciones anuales de la hipoteca y si antes amortizaba 4.000€ al año, al ahorrarme 1.500€ en cuota, aumentaré la cantidad anual a amortizar hasta los 5.500€.

De esta forma la hipoteca finalizará en el mismo momento que tenía previsto pero mientras tanto reduciré mi riesgo mensual al tener una cuota más baja.

Pero ojo, tengo que haceros una advertencia, **este cambio de hipoteca no es para todo el mundo.** Has de tener en cuenta que si no tienes pensado realizar amortizaciones periódicas o si no vas a incrementar la amortización con lo que ahorres en cuota, no te saldrá a cuenta la operación.

En resumen, si te subrogas ampliando el plazo para reducir tu cuota y amortizas anualmente, incluyendo la cantidad que te ahorras por la reducción de cuota, conseguirás reducir tu riesgo. De esta forma, si te ocurre alguna desgracia como quedarte en paro, podrás hacer frente de una forma más sencilla al pago de tu cuota mensual.

5.- Reducir tus gastos de electricidad:

Una de las claves para alcanzar la independencia financiera es, sin duda, **ajustar nuestros gastos más comunes**. La electricidad suele ser uno de esos recibos importantes que recibimos mensual o bimensualmente, es un gastos que además genera cierta incertidumbre por lo que varía a lo largo del año. En mi caso personal, que sé que no es el más común, tengo calefacción eléctrica y el recibo bimensual oscilaba desde los 100€ hasta los 800€. Imposible planificar unos ahorros así...

En cualquier caso, además de eliminar la incertidumbre, buscaba ahorrar lo máximo posible. Y lo conseguí, **reduje más de un 36%** el gasto en electricidad. Pasé de un gasto anual de 2.640€ a 1.680€. Unos **1.000€ anuales extra para mi inversión en bolsa**.

¡Pues haciendo la croqueta como tú no! Lo más importante fue controlar el consumo. Semanalmente registré el consumo en Kw y fui estableciendo cambios en el uso de los aparatos eléctricos para poder medir las variaciones. En mi caso, comencé a utilizar el aire acondicionado con su función de bomba de calor para probar el consumo y el cambio fue radical, se redujo el consumo muchísimo. Esto unido que no utilizar los radiadores de habitaciones en las que no pasemos tiempo y el no ser perezosos a la hora de desactivar la calefacción o la refrigeración vía aire acondicionado nos hizo lograr un objetivo tan ambicioso como el conseguido.

Otra de las cosas que me permitió el registrar semanalmente el consumo fue el conservar un **histórico de consumos** y poder analizar la evolución del consumo a lo largo de los siguientes años. Os dejo aquí el excel en el que llevo el control del consumo:

Fecha	Consumo 12:50h				
					YTD YOY
30/12/2013	15.984	CONSUMO/DIA 2016 YTD	31,13	-21,1%
31/12/2013	16.020	CONSUMO/DIA 2015	21,30	5,6%
1/01/2014	16.029	CONSUMO/DIA 2014	20,17	-36,4%
2/01/2014	16.068	CONSUMO/DIA 2013	31,70	
3/01/2014	16.100			
4/01/2014	16.134	**FACTURA ELECTRICIDAD YTD:**		
5/01/2014	16.168	Coste por Kw/mes:	123,73	
6/01/2014	16.197	Coste por Kw/mes -6%	116,31	
7/01/2014	16.227	Coste por potencia/mes:	28,45	
8/01/2014	16.257	Coste potencia + consumo:	144,76	
9/01/2014	16.287	Impuesto sobre electricidad:	7,40	
10/01/2014	16.317	Alquiler equipo medición:	1,34	
11/01/2014	16.344	Subtotal	153,51	
12/01/2014	16.374	IVA	32,24	
13/01/2014	16.404	**TOTAL COSTE/MES YTD**	**185,74**	
14/01/2014	16.434			
15/01/2014	16.464			

A este control y medición le añadí dos cosas realmente importantes:

- Cuota fija:

    Teniendo claro el consumo anual pude fijar con Iberdrola una cuota fija mensual de modo que se acabaron los sustos de 800€ y pasé a tener un pago mensual estable de 140€/mes.

- Pedir descuentos:

  Parece de cajón, pero una vez al año llamo para negociar la renovación de un descuento que me aplican del 6%. Con esto me aseguro tener el mejor precio del mercado y además sin oscilaciones en los precios por Kw consumido.

En resumen:

- Mide tu consumo

- Haz pruebas con distintos aparatos eléctricos, te recomiendo probar el aire acondicionado como calefacción.

- ¡Pide descuentos! Parece evidente pero es fácil conseguirlos.

- Establece una cuota fija.

- ¡Ahorra e inviértelo en bolsa!

No se trata de pasar frío, ni de que tu rutina diaria se vea afectada por este tipo de acciones, pero en la medida en que no te moleste hacer el seguimiento, te recomiendo optimizar al máximo lo que pagues en electricidad.

Resumen sobre los consejos para reducir gastos:

Algunos consejos os serán más útiles que otros pero sumando estas 5 cosas yo conseguí ahorrar más de 3.500€ anuales y con ese ahorro ya se puede comenzar a invertir en bolsa.

La clave es trabajar para reducir los gastos que menos afecten a tu vida diaria de forma que podamos establecer una cantidad que invertir mes a mes.

Invertir en activos con un plan y mantenerlo:

Por último, una vez hayamos establecido un plan para liquidar nuestras deudas y trabajemos en reducir nuestros gastos, tendremos que invertir nuestro dinero en activos que generen dinero para nosotros.

Para ello necesitaremos seguir una estrategia, en el próximo capítulo entraremos de lleno en el plan que debemos seguir.

Capítulo 5
Estrategia de inversión:

Cuando tenemos algún ingreso siempre tenemos una duda en la cabeza: ¿Cuánto destino a gastos y cuánto a ahorros?

Esta duda, que en principio parece razonable, no supone más que el mismo concepto. Bajo mi punto de vista el ahorro no es más que posponer un gasto que realizaremos en el futuro por lo que la duda que teníamos al principio es más bien: ¿Cuánto me gasto este mes y cuánto me gasto más adelante?

Si tu mentalidad es ahorrar vs gastar estás condenado a nunca alcanzar la independencia financiera.

Entonces, ¿qué es lo que deberíamos hacer con el dinero? La duda es radicalmente distinta: ¿Cuánto destino a gastos y cuánto a inversión?

Esa es la pregunta que nos debemos hacer. La inversión hará que el dinero trabaje para nosotros y nos genere nuevos ingresos con los que alimentar nuestros gastos y nuestra inversión. Ya hemos hablado sobre invertir en bolsa con el objetivo de vivir del dividendo pero las dudas al respecto siguen siendo importantes. En este capítulo trataré de aterrizar la estrategia de la forma más concreta y sencilla posible.

Análisis ANA:

Lo primero que tenemos que tener claro son los criterios a seguir para decidir si queremos que una empresa forme parte de nuestra cartera. Y para ello, tendremos que tener unos criterios para invertir en acciones de empresas de calidad que repartan dividendos.

Tranquilos, vuestro Dr. os va a explicar a qué le llamamos empresas de calidad. Mis criterios para invertir en una empresa se podrían resumir en estos 3 puntos:

1.- Empresa que posea activos importantes.

2.- Estabilidad del negocio a largo plazo.

3.- Buen trato al accionista.

En cada uno de ellos miraremos cierto tipo de información para analizarlos:

1.- Empresa que posea activos importantes:

En este punto analizaremos si la empresa posee marcas importantes, si tiene productos únicos, si es un monopolio en su sector, si es capaz de adaptarse a los cambios o si se enfoca en innovar. Todo aquello que distingue a la empresa que analicemos de sus competidores.

2.- Estabilidad del negocio a largo plazo:

En este caso analizaremos en primer lugar si su modelo de negocio creemos que persistirá dentro de 30 años. Para dar un ejemplo claro, bajo mi criterio, las petroleras son un negocio que no me parece de futuro por el avance de otros tipos de combustibles procedentes de energías más limpias. Por ese motivo, a priori, descarto las petroleras.

Una vez analizado y superado este análisis, pasaríamos a realizar un análisis de las cifras principales de la empresa. Sería conveniente analizar las cifras de al menos los últimos 10 años para las siguientes métricas:

- *Ventas:*
  Sería importante que su crecimiento anual fuera superior a la inflación.

- *Beneficios por acción:*
  Fundamental que su crecimiento anual sea superior a la inflación.

- *Dividendos por acción:*

Normalmente acompañarán el crecimiento de la métrica anterior. Si no habría que analizar qué ha ocurrido.

- *Payout:*
  Cuanto menor sea, habrá más recorrido para aumentar los dividendos. Si el dividendo aumenta a costa de un incremento del payout de la empresa deberemos analizar en mayor detalle qué ocurre.

- *Deuda:*
  Ha de ser sostenible y razonable. Si aumenta mucho en los últimos años será sospechoso.

3.- Buen trato al accionista:

Fundamental para nuestra estrategia. Deberemos comprobar que la empresa cumpla lo siguiente:

- Que no suspenda dividendos en ocasiones.

- Que no entregue scrip dividends en lugar de dividendos en efectivo.

- Que incremente sus dividendos anualmente y no sea únicamente a costa de su payout.

- Detalles extra en favor del accionista como recompra de acciones y demás.

Lo cierto es que si somos muy estrictos, en España sería difícil encontrar empresas que cumplan todos los criterios. Sin embargo, USA es todo lo contrario, es el paraíso del pequeño accionista. Hemos de tratar de conjugar el conocimiento sobre las empresas con que cumplan todos los criterios.

En las empresas españolas, los españoles tendremos un conocimiento superior al que tendremos sobre las empresas estadounidenses. Aún sin proponérnoslo será sencillo recibir noticias sobre ellas. Sin embargo, para obtener esa misma información de empresas estadounidenses, normalmente, tendremos que investigar algo más.

Lo que quiero decir es que los 3 puntos a analizar son las guías que utilizo, **no son leyes inquebrantables**.

Cada vez que vayamos a comprar una empresa nueva revisaremos estos 3 puntos: Activos, Negocio a largo plazo y trato al Accionista. Lo llamaremos **análisis ANA** (activos, negocio, accionistas).

Ejemplo de análisis ANA:

En el último capítulo del libro os mostraré todos los análisis ANA que he realizado hasta el momento pero antes de eso me gustaría que practiquéis a realizar un análisis de una empresa a través del siguiente ejemplo, el **análisis ANA de Starbucks**:

¿Por qué Starbucks?

En lo últimos 20 años se ha duplicado el consumo de café en el mundo, o lo que es lo mismo, el consumo ha crecido algo más de un 3,5% anual:

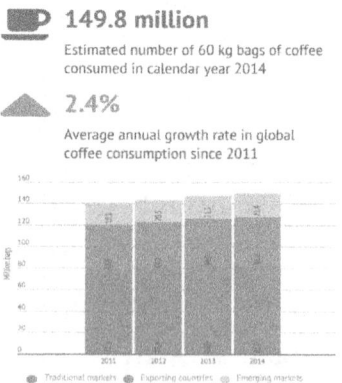

Algo interesante del gráfico es ver que en los tres tipos de mercado crece el consumo de café. A este mercado llegó Starbucks para revolucionarlo... y no cabe duda de que lo logró. Hoy vemos normal pagar entre 3€ y 4€ por un café por el que antes pagábamos 1€. Eso sí, Starbucks es mucho más que una cafetería tradicional. Starbucks es garantía de calidad en los procesos, es un café estándar en todo el planeta, es una experiencia cómoda y un ambiente perfecto para disfrutar de tu café.

Pero Starbucks, como es lógico, no se ha centrado sólo en el café. Ha incluido muchos más tipos de bebidas y la parte de alimentación. Esta es la evolución de las ventas por categoría de Starbucks:

Retail sales mix by product type for company-operated stores:

Fiscal Year Ended	Sep 28, 2014	Sep 29, 2013	Sep 30, 2012
Beverages	73%	74%	75%
Food	18%	18%	17%
Packaged and single-serve coffees and teas	4%	4%	4%
Other[1]	5%	4%	4%
Total	100%	100%	100%

[1] "Other" primarily includes sales of ready-to-drink beverages, serveware and coffee-making equipment, among other items.

Starbucks es un gigante de más de 30 años de edad con más de **190.000 empleados que opera en 65 países diferentes**, pero vamos a nuestro análisis.

Análisis ANA:

- Activos importantes:
Primera cadena de venta de café del mundo que crece fuertemente en su negocio y está en pleno proceso de expansión internacional.

- Estabilidad de negocio a futuro:
El consumo de café, como ya hemos visto en el gráfico anterior, crece a ritmos interesantes y Starbucks tiene una cuota de mercado insignificante de ese mercado. De hecho, Starbucks utiliza menos del 3% del café que se fabrica en el mundo. Parece claro que es un mercado sano que aportará buenos crecimientos durante las próximas décadas. Vamos ahora a analizar los números:

- *Ventas*:
  Crecimiento en los últimos 5 años del 13,1% anual.

- *Beneficios por acción*:
  Crecimiento anual en los últimos 5 años del 22,4%.

- *Dividendos por acción*:

En línea con el crecimiento del BPA. En los últimos 5 años el dividendo ha crecido un 23% anual. ¡Absolutamente alucinante!

- *Payout*:
  El recorrido que tiene es bueno, su payout es del 43,4%.

- Buen trato al accionista:
Starbucks reparte dividendos desde 2010 y desde ese primer dividendo hasta hoy ha crecido desde los 0,20$ anuales hasta los 0,80$. Esto supone un crecimiento anual del 26% en los 6 años en que han repartido dividendo.

Los número del análisis ANA no admiten discusión alguna, son impresionantes.

Diversificación con sentido:

En nuestra estrategia la diversificación es fundamental, es la mejor forma de proteger nuestras inversiones. **El objetivo de la diversificación no es conseguir una mayor rentabilidad, el objetivo es asegurar nuestro capital.**

La prudencia es una las características más importantes que un inversor a largo plazo ha de tener, y asumir el riesgo de invertir en unas pocas empresas no parece lo más sensato. Invertir todo nuestro dinero en una sola empresa, o en unas pocas, supondría un riesgo tan elevado que un inversor prudente no debe aceptar. Imagina que esa empresa ha falseado sus cuentas, o que aparece una fuerte competencia para ella, o que un cambio tecnológico le hace perder su ventaja competitiva. Estos riesgos harían que pudiéramos vernos arruinados, no obstante, ese no es el único peligro que corremos. Existe el riesgo de que, habiendo elegido una empresa que pensábamos que iba a ser muy rentable, realmente esa empresa acabe teniendo unos crecimientos muy bajos. En este caso no perderíamos todo nuestro dinero pero tampoco alcanzaríamos nuestro verdadero objetivo: la **independencia financiera**.

Diversificar es lo que hacemos para reducir nuestro riesgo, pero no por el mero hecho de invertir en un mayor número de empresas estamos reduciéndolo. Si invertimos en empresas cuyo negocio no conocemos en detalle lo que hacemos es incrementar nuestro riesgo, no reducirlo. **Conlleva menor riesgo invertir en 5 empresas que hayamos estudiado y conozcamos bien que invertir en 20 empresas que sólo conocemos por recomendaciones de blogs o foros** con el único objetivo de incrementar el número de empresas de nuestra cartera. Estaríamos arriesgando más en la segunda situación que en la primera.

En el tipo de empresas en las que invertimos, que poseen tamaños importantes, ni siquiera los dueños de éstas conocen absolutamente todo lo referente a su propia empresa. La evolución a 20 años vista de las empresas a menudo es una incógnita para todos ellos. Por razones como esta lo más prudente es diversificar.

Pero **diversificar no es sólo una cuestión de cantidad, sino también de calidad.** Como en casi todo en la vida, lo más importante es analizar y estudiar antes de actuar. No nos dejemos guiar por los análisis de otros y hagamos los deberes.

Pues mira Tangerine, tenemos 4 formas principales de diversificación que nos pueden ayudar a reducir el riesgo de nuestras carteras:

- Diversificación por sectores
- Diversificación por empresas
- Diversificación temporal
- Diversificación geográfica

En los próximos 4 apartados del libro desmenuzaremos cada una de las formas de diversificar que he comentado. Entraremos en los detalles de cada una de ellas y os daré todos los consejos posibles para reducir el riesgo en vuestras carteras de inversión.

Diversificación por sectores:

En este tipo de diversificación lo que buscamos es no concentrar en pocos sectores nuestra inversión. Por ejemplo, una cartera compuesta por BBVA, Santander, Banco Popular y CaixaBank está bien diversificada a nivel de empresas por sector pero todas las empresas son del mismo sector, el de la banca. Si ese sector sufre en el futuro, toda nuestra inversión se vería afectada por ello y queremos evitar este problema.

De hecho, analizando el Ibex, más del 35% del peso total del índice lo conforman empresas del sector bancario. De hecho, en España, es bastante complicado acceder a bastantes sectores, dado que nuestras empresas más fuertes se concentran en pocos sectores.

Eso es Leo, mucho ojo con invertir en según que índices, hay que tener claro los pesos de cada sector para luego no llevarnos sustos. Os pongo el ejemplo de la diversificación por sectores de mi cartera:

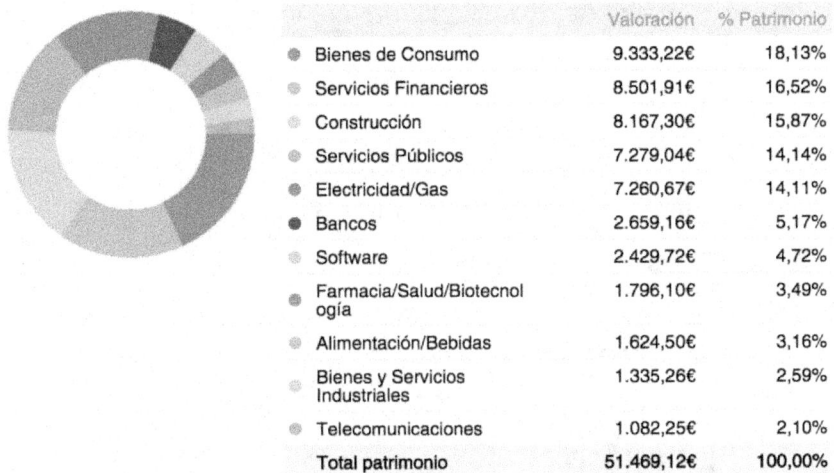

	Valoración	% Patrimonio
Bienes de Consumo	9.333,22€	18,13%
Servicios Financieros	8.501,91€	16,52%
Construcción	8.167,30€	15,87%
Servicios Públicos	7.279,04€	14,14%
Electricidad/Gas	7.260,67€	14,11%
Bancos	2.659,16€	5,17%
Software	2.429,72€	4,72%
Farmacia/Salud/Biotecnología	1.796,10€	3,49%
Alimentación/Bebidas	1.624,50€	3,16%
Bienes y Servicios Industriales	1.335,26€	2,59%
Telecomunicaciones	1.082,25€	2,10%
Total patrimonio	**51.469,12€**	**100,00%**

De momento mis más de 20 empresas se concentran en 11 sectores. La diversificación es muy mejorable y con el tiempo iré igualando pesos. El caso es que, como os comenté en el apartado anterior, la prudencia es una las características más importantes que un inversor a largo plazo ha de tener, y asumir el riesgo de invertir en pocos sectores no parece lo más sensato.

Diversificación por empresas:

En este tipo de diversificación lo que buscamos es **no concentrar en pocas empresas nuestra inversión**. Es la forma más básica de diversificación y el único requisito que nos exige es invertir en un número elevado de empresas.

Invirtiendo en las suficientes empresas podemos lograr que el peso de cada empresa no sea muy elevado. De esta forma, cuando vivamos de los dividendos, podremos conseguir que cada empresa nos proporcione un porcentaje bajo de ingresos.

¡Te veo preparado para comprar desde el móvil Leo! La verdad es que **es complicado poder decir si el número correcto es 8, 20 o 100.**

La lógica nos dice que mientras encontremos empresas de calidad que cumplan nuestro <u>análisis ANA</u> deberíamos incrementar el número de empresas de nuestra cartera sin un límite muy claro. Otra de las limitaciones que veo sobre el número idóneo de empresas en que invertir es el poder darle un seguimiento a cada una de ellas. bien es cierto que con un análisis de una hora por empresa al año nos sería más que suficiente en nuestra estrategia. Personalmente no me pongo un límite de número de empresas pero sí creo que deberíamos llegar a un **mínimo de 25 empresas.**

El número 25 que elijo como mínimo es para conseguir que nuestras empresas ronden un peso de entre un 3% y un 5% y que ninguna de las empresas tenga un peso superior al 5%. Pero ojo, ¡no un 5% sobre el valor de la cartera! **Los dividendos que pague la empresa no deben superar el 5% del total de dividendos que recibamos.**

Así nos aseguraremos de que nuestros ingresos no están en manos de la decisión de una sola empresa y, si nos hemos equivocado al elegir una de las empresas, sólo perderemos entre un 3% y un 5% de nuestros ingresos como máximo.

Mi cartera actualmente está en formación y de momento tengo 23 empresas:

Valor	Títulos	Precio medio adquisición	Cotización	Valoración	Rentabilidad
MAPFRE	505	2.9 €	2.15 € ↓	1.086,76 €	-25,79%
VISCOFAN	20	57.17 €	54.2 € ↓	1.084,00 €	-5,19%
INDITEX	90	22.29 €	30.02 € ↓	2.702,25 €	34,7%
TELEFONICA	90	12.32 €	9.74 € ↓	876,78 €	-20,92%
BBVA	40	7.05 €	6.34 € ↓	253,68 €	-10,04%
ABERTIS	530	15.24 €	13.59 € →	7.205,35 €	-10,79%
BOLSAS Y MERCADOS ESPAÑOLES	200	30.9 €	29.5 € ↓	5.901,00 €	-4,51%
ENAGAS	245	20.12 €	25.82 € ↑	6.327,12 €	28,35%
RED ELECTRICA	92	53.15 €	75.34 € ↑	6.931,28 €	41,74%
IBERDROLA	81	2.49 €	6.44 € ↓	522,29 €	158,95%
BANCO SANTANDER	446	6.16 €	4.1 € ↓	1.832,61 €	-33,29%
TOTAL	2.339			34.723,12 €	

DESGLOSE DE SU CARTERA PARA EL MERCADO AMERICANO					
Valor	Títulos	Precio medio adquisición	Cotización	Valoración	Rentabilidad
JOHNSON AND JOHNSON	20	105.15 $	99.22 $ →	1.825,45 €	-5,63%
APPLE INC	15	132.62 $	97.93 $ ↑	1.351,29 €	-26,15%
COSTCO WHOLESALE CORPORATION	7	160.17 $	154.4 $ ↓	994,23 €	-3,6%
AT T	35	34.37 $	33.51 $ →	1.078,90 €	-2,5%
INTERNATIONAL BUSINESS MACHINES	8	136.76 $	132.86 $ →	977,74 €	-2,85%
PROCTER AND GAMBLE CO	20	79.48 $	77.17 $ ↓	1.419,96 €	-2,89%
NIKE INC	30	75.0 $	59.85 $ →	1.651,68 €	-20,2%
MCDONALDS CORP	10	96.0 $	115.66 $ →	1.063,96 €	20,47%
COCA COLA CO	16	38.0 $	41.62 $ →	612,58 €	9,52%
GENERAL ELECTRIC CO	50	23.8 $	28.97 $ →	1.332,48 €	21,72%
WALT DISNEY CO	20	110.99 $	99.5 $ →	1.830,60 €	-10,35%
MICROSOFT CORP	20	45.79 $	52.58 $ ↑	967,55 €	14,85%
TOTAL	251			15.106,42 €	

En lo que aún tengo que trabajar es en conseguir igualar los ingresos que cada empresa me proporciona. Estoy muy lejos de lograr ese equilibrio. Cuando tenga una cartera formada y con la que esté a gusto, comenzaré a trabajar en ello.

Por último, como os comenté en el primer apartado sobre la diversificación, la prudencia es una las características más importantes que un inversor a largo plazo ha de tener, y asumir el riesgo de invertir en pocas empresas no parece lo más sensato.

Diversificación temporal:

Hoy toca hablar de una de las formas de diversificar más importantes, la diversificación temporal. **Si tuviéramos la total certeza de que una acción va a subir su cotización compraríamos sin pensarlo,** al igual que si supiéramos que va a bajar venderíamos para más tarde comprar a un precio menor. El problema es que **en el mundo real no existen esas certezas.**

Podemos tener una intuición pero incluso los mejores traders rara vez superan un ratio del 70% de aciertos en sus especulaciones. Con la diversificación temporal buscamos evitar comprar a un precio demasiado alto una empresa. La diversificación temporal aplica a cada una de nuestras empresas y la forma de llevarla a cabo es tan sencilla como realizar compras de esa misma empresa cada cierto tiempo.

Vamos a poner un ejemplo real, imagina que compraste Repsol en Mayo de 2014 a 18,5€. Si no hubieras vuelto a comprar, hoy estarías perdiendo más del 50% de tu inversión. Si hubiéramos aplicado un criterio de compra sistematizado, cada 6 meses por ejemplo, nuestro precio medio sería de 15,3€ y nuestras pérdidas en lugar de ser de un 51% serían del 35%. Pero es mejorable, si aplicamos algo de criterio y en lugar de hacer compras cada 6 meses vamos intentando comprar en grandes bajadas e incrementando la inversión en las bajadas, podríamos haber hecho las mismas 3 compras pero en lugar de hacerlas en Noviembre de 2014, Mayo de 2015 y Noviembre de 2015 las hubiéramos hecho en Diciembre de 2014, Septiembre de 2015 y Enero de 2016. De haberlo hecho invirtiendo un 50% más en cada bajada, nuestro precio medio sería de 9,29€ y **hubiéramos minimizado muchísimo más las pérdidas reduciéndolas de un 51% a sólo un 3,8%.**

Para predicar con el ejemplo os pongo un caso similar a este en el que he ponderado a la baja con Mapfre. He intentado buscar una forma de mostrarlo con una captura de pantalla del broker pero no he sido capaz de que se vea bien por lo que os muestro mi propio Excel de seguimiento:

COMPRAS DE ACCIONES		
Fecha	Nº de acciones	Precio compra
16/06/2014	230	3,12
12/08/2014	275	2,84

Como veis, aprovechando la bajada compré un número mayor de acciones, pero el mismo ejemplo podemos aplicarlo a una empresa cuya cotización no haya parado de crecer. Si nos quedamos con nuestra primera compra, nuestra rentabilidad probablemente será cada vez mayor. El problema es que conforme nuestra cartera crezca y vayamos incorporando más empresas, los dividendos de esa empresa cada vez pesarán menos sobre el total de dividendos que nos proporciona la cartera. Si la empresa realmente nos gusta lo más inteligente sería hacer compras periódicas según crezca pero eso sí, aprovechando pequeñas bajadas con importes menores al inicial. Esto hará que nuestro precio medio se incremente pero también tendremos una mayor participación en la empresa y los dividendos totales que recibamos de ésta serán mayores.

Al igual que en el caso anterior, os enseño otro ejemplo en el que la ponderación ha sido incrementando el precio medio de BME:

COMPRAS DE ACCIONES		
Fecha	Nº de acciones	Precio compra
27/01/2014	175	28,71
7/05/2015	25	39,38

Como os decía, en este caso, la segunda compra fue de un número mucho menor de acciones pero me permitió incrementar mi participación en una magnífica empresa.

Hasta ahora hemos hablado de la diversificación por sector, por empresas y temporal. Quizás esta última es algo menos importante que las dos anteriores pero al realizar compras periódicas nos liberará del peso de realizar una compra en un momento inadecuado. **Al diversificar temporalmente el precio será una preocupación mucho menor** y eso hace que merezca la pena tomárnosla en serio.

Diversificación geográfica:

El objetivo de este tipo de diversificación es el de evitar que la crisis puntual de un país afecte a nuestros ingresos de una forma importante. Tenemos dos formas de diversificar geográficamente:

1.- Invirtiendo en **empresas españolas** cuyo negocio esté diversificado y una gran parte de **sus ingresos provengan de diversos países**.

2.- **Invirtiendo en empresas extranjeras** con su negocio en otros países.

Lo ideal sería mezclar las dos estrategias y no ceñirnos sólo a una de ellas. Si apostamos por únicamente invertir en empresas españolas, aunque estén diversificadas geográficamente, estarán más expuestas a una posible crisis puntual en España.

La ventaja de invertir en empresas españolas es que es mucho más sencillo que nos lleguen noticias sobre ellas y así podremos tener más controlada nuestra inversión con un esfuerzo menor al que tendríamos que realizar con empresas extranjeras.

¡Pero Gordon! Hacía tiempo que no preguntabas y nada y para una vez que te decides, ¿te duermes mientras preguntas? Supongo que tu pregunta era sobre los países en los que invierto. Actualmente, lo que estoy haciendo es dividir mi inversión entre empresas españolas bien diversificadas internacionalmente y empresas estadounidenses. De momento no he analizado empresas de otros países, me siento cómodo con USA y España de momento. Aquí os dejo el gráfico del peso de mi cartera por país:

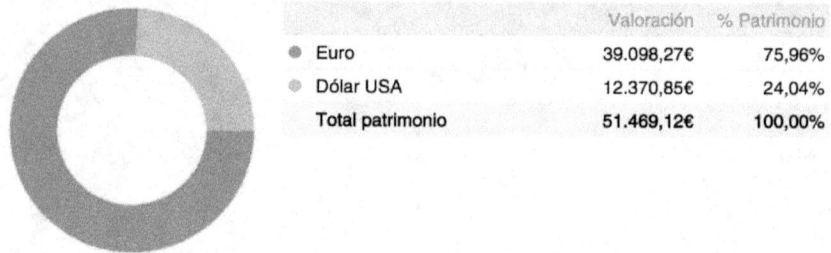

Por el momento estoy en un 75% en España y 25% en USA pero mi objetivo es reducir el peso de España a menos del 50%, lo que no he definido aún es si el resto de empresas serán únicamente estadounidenses o también entrarán empresas de otros países.

La diversificación geográfica es realmente importante para la estabilidad de los ingresos por dividendo de cualquier cartera de inversión.

La importancia del precio de compra:

Todos los que seguimos una estrategia de inversión a largo plazo nos preocupamos por nuestro dinero. En algún momento de nuestra vida hemos despertado del letargo financiero y hemos sido más conscientes de cómo debíamos gestionar nuestro dinero.

Esto debería ser una buena noticia, sin embargo, esta mentalidad ahorradora nos hace que inconscientemente cambiemos nuestra forma de actuar en otros aspectos de nuestra vida. De repente, buscamos ahorrar en nuestros recibos, nos descubrimos aprovechando descuentos que antes despreciábamos e incluso sentimos que nos cuesta comprar cosas caras. Valoramos mucho más el dinero.

Y una de las consecuencias de nuestro cambio de mentalidad es que nos cuesta comprar cuando creemos que el precio de las acciones es elevado. El hecho de haber comprado acciones de una empresa y tener un precio medio de 20€ cuando pasado el tiempo la empresa cotiza a 30€, hace que sea complejo justificar en nuestra mente que pagaremos un 50% más que la vez anterior.

Pero ni siquiera hace falta que hayamos comprado más barato anteriormente, simplemente con seguir la evolución de la empresa y ver que ha crecido mucho su cotización podemos quedarnos inactivos esperando un precio mejor que puede que nunca llegue.

Mi objetivo es demostrar que es mucho más importante invertir y mantener mucho tiempo a esperar y conseguir el mejor precio posible.

Y para ver un ejemplo muy claro utilizaremos un día que a algunos les traerá malos recuerdos: el Lunes Negro. El 19 de Octubre de 1987 se conoce como Lunes Negro y es uno de los de mayor caída en la historia: **una caída del 22,6% en un sólo día.**

¿Qué pasaría si alguien hubiera invertido todos sus ahorros el viernes previo y otra persona hubiera invertido exactamente la misma cantidad el lunes, aprovechando la caída del 22,6%?

Es evidente que quien haya invertido aprovechando la caída saldrá mejor parado, de hecho esta pregunta es extremadamente favorable a aquel que haya invertido el lunes pero vamos a analizar si la diferencia real es tan grande.

El 19 de Octubre de 1987 el índice Dow Jones bajó 508 puntos en un sólo día, cayendo desde los 2.247 hasta los 1.739:

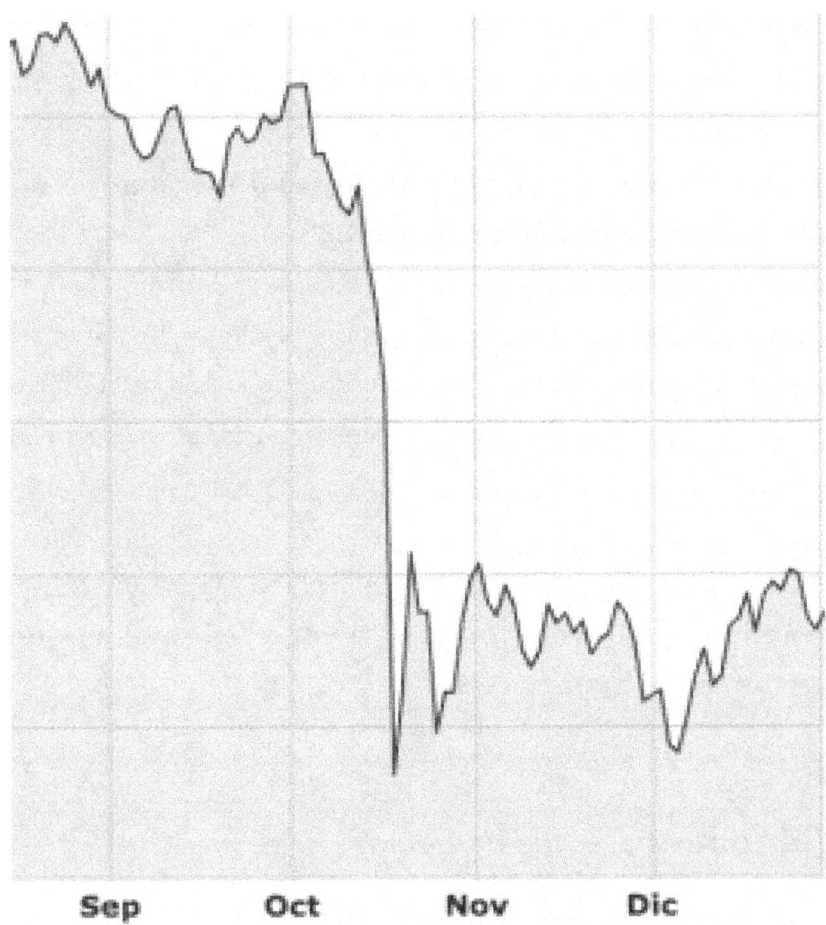

El Dow Jones a fecha de Octubre de 2015 estaba en 16.776 puntos por lo que la persona que invirtió a un mal precio y que en su momento tanto sufriría, ha conseguido en 28 años una rentabilidad del 7,4% anual mientras que la persona que invirtió el lunes aprovechando una caída de más del 22% en un sólo día, habrá conseguido una rentabilidad del 8,4% anual.

La diferencia entre elegir un muy mal momento o un muy buen momento es: 7,4% vs 8,4%.

En un caso normal lo lógico es que quien menos se fije en el precio pueda comprar incluso años antes que quien ve el precio de las acciones como un factor muy importante y espera al momento adecuado.

La conclusión es clara, aún no analizando el precio, **tener inversiones durante mucho tiempo es mejor que acertar con el mejor precio.**

Mezclar estrategias en bolsa:

Seguro que cuando os habéis planteado invertir en bolsa por primera vez, vuestro primer pensamiento ha sido el que todos hemos tenido: Compro para vender y ganar dinero con ello. Esa es la base de varias estrategias de inversión en bolsa. Desde la de los traders que la utilizan para realizar la compra y venta en poco tiempo, hasta los que aprovechan los momentos de caída de cotización de una empresa para comprarla y venderla en semanas, meses o incluso años.

Nuestro tipo de inversión comúnmente se conoce como Buy & Hold (B&H) y, a pesar de que en algún momento podríamos vernos obligados a vender, no debemos hacerlo para conseguir nuestro objetivo.

El problema con nuestra estrategia surge cuando vemos cifras **muy negativas o muy positivas**. Cuando lo que hemos invertido cae un 20% en 2 meses empiezan las dudas y podemos sentirnos tentados de vender. Si se trata de algo conyuntural no nos debe temblar el pulso, nosotros jugamos a 30 años vista, no importa lo que suceda en un momento puntual.

El otro problema aparece cuando en unos pocos meses veamos nuestras acciones un 20% por encima del valor que las compramos. **Aquí nunca hay que vender**.

Lo cierto es que no. Pongamos un ejemplo de una empresa en la que inviertes 1.000€ y te paga 40€ netos anuales en dividendos. Tus acciones, tras la subida, se pueden vender por

1.200€. Estos 200€ de ganancia pasarán por hacienda y tributarán en promedio al 20% (depende de los tramos), por lo que te quedarán unos 160€ netos.

Es decir, por un 16% de ganancia neta estás dispuesto a perder un 4% de dividendos que se incremente anualmente. Obviamente, cuando vendas no tendrás la oportunidad de volver a entrar en la misma empresa porque es muy improbable que suba un 20% y baje un 20% inmediatamente, por lo que tendrás que encontrar una empresa que te pague esos 40€ y, sobre todo, que tenga un potencial de crecimiento similar a la que vendiste.

Hay que recordar que **la cotización de una empresa sube fuertemente cuando se incrementan sus beneficios. Y cuando se incrementan sus beneficios, se incrementan los dividendos.** Es muy probable por tanto que los dividendos de la empresa que acabamos de vender crezcan también un 20% este año. Obviamente podremos perdernos próximas subidas de dividendos. Si utilizamos un promedio del 10% (la media que hemos visto en este libro es del 13%) en 4 años habremos cobramos unos 200€ de dividendos y nuestras acciones tendrán un valor aproximado de 1.600€.

¿De verdad merece la pena vender por unas ganancias puntuales de un 16% cuando podemos percibir el cuarto año un 6% o el décimo año un 10%? Y eso ¡cada año!

La clave de no vender es dejar actuar el tiempo y el interés compuesto sobre tu inversión. Además, si cuando vendes se produce una gran subida te verás fuera y tu dinero dejará de revalorizarse. A largo plazo siempre es mejor mantener que vender.

La teoría está muy bien pero vamos a poner un ejemplo real comparando una compra en 2009 y venta en 2015 años de **Google** contra una compra a largo plazo de **Red Eléctrica de España** en la misma fecha de 2009. Prometo que fueron las 2 primeras que se me ocurrieron al pensar en una empresa que haya crecido mucho (Google) y otra que sea un clásico de nuestra estrategia (REE). Al ser una empresa americana y otra española tomaremos una paridad del dólar y el euro:

Cualquiera que haya comprado en 2009 acciones de Google a 310$ pensará que ha hecho un grandísimo negocio si las vende en 2015 a 630$. Supondrá un crecimiento del +103%. Si hubiéramos invertido 10.000$ en ella tendríamos 32,25 acciones. Obviamente no se pueden comprar decimales de acciones pero lo contaremos así para cuadrar los números. En 2015 nuestro capital sería de 20.317$ que equipararemos a euros.

En la misma fecha de 2009 (1 de Diciembre) REE estaba a 38,82€. Si hubiéramos invertido 10.000€ en ella hubiéramos comprado 257,6 acciones. **A lo largo de estos años habríamos reinvertido los dividendos cobrados** y en 2015 tendríamos 325 acciones:

Año	Acciones	Dividendo netos	Cotización a 1 de Julio	Nuevas acciones con dividendos	Capital acumulado
2009	258	0	--	0	10.000 €
2010	258	304,61 €	33,60 €	9	8.655 €
2011	267	400,02 €	38,03 €	11	10.141 €
2012	277	490,59 €	32,22 €	15	8.931 €
2013	292	553,26 €	41,95 €	13	12.267 €
2014	306	621,52 €	64,20 €	10	19.619 €
2015	315	756,67 €	72,92 €	10	22.990 €
Hoy	326	781,58 €	72,92 €	--	23.747 €

La cotización de Google ha crecido un 103% mientras que la de REE sólo un 87%. Sin embargo, nuestro capital sería superior con la inversión en REE: 23.747€ vs 20.317€.

¿Y esto por qué?

Porque los dividendos que REE ha repartido y hemos reinvertido se han incrementado un **134%** durante estos casi 6 años.

Además, si no vendemos nuestras acciones de REE en 2015 recibiríamos 781€ netos que sobre los 10.000€ invertidos supondrían un 7,8% de rentabilidad anual.

Y si en lugar de elegir, mezclamos estrategias:

Hay personas que deciden mezclar estrategias en bolsa y tener una cartera dedicada a B&H y otra al medio plazo para generar ingresos extra que reinvierten en su cartera de B&H. Aquí surgen dos problemas:

1.- Tal como hemos visto, **a largo plazo siempre sale mejor mantener.** Además, **es imposible acertar siempre con la cartera de medio plazo.**

2.- Es **psicológicamente complejo** compaginar estrategias. Hay varias razones:

- *Te encontrarás con situaciones en las que la cotización de tus empresas de cartera de medio plazo baje y querrás compensar con ventas de empresas de tu cartera B&H.*

- *Tendrás mayores tentaciones de vender tus empresas que crezcan rápido de tu cartera de B&H. La razón es sencilla, ya lo haces con tu cartera de medio plazo.*

- *Si aciertas mucho con la cartera de medio plazo empezarás a creerte invencible y tomarás decisiones cada vez más arriesgadas. Incluso podrás empezar a hacer trading.*

Hay que tomarse muy en serio la estrategia. **Lo más importante es tener clara la estrategia**. Nuestra estrategia es aburrida, es pasiva, es sencilla y es muy efectiva. Si nos salimos de ella podemos empezar a tener problemas. Recuerdo un foro en el que leí la historia de un inversor que hablaba de la estrategia de B&H para llegar a vivir del dividendo y lo tomaba como su filosofía de vida, como hay que hacer. De repente empezó a ver oportunidades de compra en algunas empresas y compró y vendió en varias ocasiones. Como le fue muy bien empezó a vender acciones de su cartera destinada a su jubilación. Esto genera mucha más adrenalina, es adictivo. Comprar, vender y ganar siempre. Esta persona acabó haciendo trading y, finalmente, vendiendo todas sus carteras para saldar deudas.

Lo que le hizo un ganador le hizo un perdedor.

En mi humilde opinión, mezclar estrategias es un error. Se corre un riesgo innecesario. Recordad, nuestra estrategia es aburrida, es pasiva, es sencilla y es muy efectiva.

Conclusión:

Define bien tu estrategia, no confíes en los aciertos que tengas y ten claro cómo quieres invertir tu dinero. **Invertir a largo plazo es más seguro y más rentable que vender para obtener ganancias**.

Pasividad: Clave para vivir del dividendo

Nosotros tenemos una estrategia, compramos acciones que reparten un dividendo creciente, reinvertimos los dividendos y seguimos comprando. Nuestro objetivo es llegar a vivir del dividendo.

Hay otro tipo de personas que tienen una estrategia diferente, compran pisos, los alquilan, acumulan el alquiler junto con ahorros y tratan de comprar más pisos. Su objetivo es llegar a vivir del alquiler.

¿En qué nos diferenciamos ellos?

Nos diferenciamos en poco de ellos, nuestra estrategia es similar, acumulamos activos que nos generan unas rentas para llegar a vivir de ellas. Aún así, bajo mi punto de vista, nos diferencian dos cosas de ellos:

1.- Nos martirizamos:

Nos gusta mirar la cotización a diario, ver el valor de la cartera. Sufrimos con la cartera en rojo, calculamos lo que vamos perdiendo y dudamos de nuestra estrategia. La transparencia de tener el precio a cada instante nos hace estar pendientes todo el tiempo del precio de la cartera y acabamos perdiendo la perspectiva de que lo que nos interesa es cobrar los dividendos.
¿Qué pasaría si hubiéramos comprado un piso? Todo sería mucho más sencillo, no nos molestaríamos en mirar el precio dado que es un mercado con mucha menos información y al ser un mercado más opaco simplemente no nos molestamos en

seguir la evolución. Simplemente cobramos nuestro alquiler y seguimos ahorrando para comprar el próximo piso.

Esa pregunta me suena de algo Leo, en este libro lo hemos analizado y vimos que en ambos casos estamos expuestos a grandes bajadas y subidas de precio.

2.- Mayor seguridad:

Con el capital con el que haríamos frente a la compra de un piso podríamos invertir en 50 empresas grandes y estables que repartan dividendo. Si una de ellas quebrase perderíamos un 2% de nuestros ingresos, pero si en el piso de al lado entran unos malos vecinos, ¿qué parte de nuestro capital arriesgamos? El 100%.

Las acciones tienen una fuerte ventaja respecto a la diversificación del riesgo, pero no sólo eso, también poseen una ventaja poco comentada habitualmente: las obligaciones. Con las acciones nunca te va a tocar pagar nada mientras que con un piso tendrás que hacer reformas, pagar IBIs, derramas, etc. Prefiero no asumir ese riesgo.

Queda claro que las acciones son más seguras como fuente de ingresos que la vivienda. Sin embargo, **socialmente el que compra un piso con hipoteca y alquila su anterior piso para hacer frente a la hipoteca está bien visto, es inteligente ¡y se paga la hipoteca sola! Mientras que aquellos que invertimos de forma más segura en acciones somos unos especuladores que están un poco tarados y todo el mundo piensa que en cualquier momento perderemos todo.**

En interesante la **falta de cultura financiera** que tenemos en este país. Si yo me quedo sin empleo percibiré unos ingresos extra de mis dividendos, mientras que si hubiera comprado un piso con hipoteca y me quedo en paro no tendré ingresos extra. Pero yo soy el del casino, los riesgos y, por supuesto, el que mañana mismo puede perder todo.

Perdonad que me haya desviado un poco del tema. El punto que quería dejar claro con esta exposición no es tanto las ventajas de invertir en bolsa frente a invertir en vivienda, si no lo importante que es tener la misma seguridad en nuestras inversiones que aquellos que compran pisos.

Nosotros no tenemos algo material, no tenemos los ladrillos, pero poseemos una parte de muchas empresas muy grandes. Somos dueños de ellas y esa debe ser nuestra seguridad. Además, no debemos obsesionarnos con el precio, lo miramos tanto porque podemos, pero no deberíamos mirarlo más que si tuviéramos un piso alquilado.

La pasividad es clave en nuestra estrategia.

Lo más complicado de nuestra estrategia es mantenernos impasibles ante grandes subidas y grandes bajadas. Debemos mantener nuestra estrategia, seguir nuestro guión y no entrar en el juego de los precios.

Pero las dudas son inherentes al ser humano. Estamos hechos de emociones y a veces cuesta seguir un camino marcado sin desviarse. Debemos ser fuertes y confiar en la estrategia que hayamos diseñado.

Scrip dividend:

Todos nosotros vamos a vivir de los dividendos. Eso lo tenemos claro, pero siempre surge la duda sobre si los scrip dividends, ¿debemos contarlos como dividendos reales o no?

Antes de analizarlo tenemos que aclarar la terminología que escucharemos:

- Scrip dividend.
- Dividendo flexible.
- Dividendo opción.
- Dividendo elección.

Todas estas formas de llamarlo significan exactamente lo mismo. Por simplificar lo llamaremos scrip dividends.

Todas ellas suelen funcionar de la misma manera. Si no fuera así lo especificarían comunicándolo previamente. Resumen del funcionamiento del scrip dividend:

1.- La empresa fija un canje de derechos por nuevas acciones. Ejemplo: 1 acción nueva por cada 50 derechos. Esto se suele llamar 1x50.

2.- La empresa fija una fecha en la que otorgará 1 derecho por cada acción que se tenga y un plazo para negociar con los derechos.

3.- En ese plazo se pueden comprar o vender esos derechos que cotizarán por separado a la acción.

4.- Al finalizar el plazo de negociación se canjean los derechos que tengamos por nuevas acciones. Es importante resaltar que podremos comprar y vender tantos derechos como queramos y tantas veces como queramos. Incluso aunque no tengamos derechos ni acciones de la empresa podremos comprarlos.

Manteniendo el ejemplo del punto 1 en el que por cada 50 derechos obtendríamos 1 nueva acción, se pueden dar tres situaciones muy diferentes:

1.- No tenemos acciones y por lo tanto no tenemos derechos. **Compramos derechos con el objetivo de convertirlos en acciones**:

- Si los compramos en múltiplos de 50, por ejemplo 500, y no hacemos nada al finalizar el plazo conseguiremos 10 acciones nuevas que son idénticas a las acciones antiguas.

- Si no los comprásemos en múltiplos de 50, por ejemplo 510, al finalizar el plazo conseguiremos 10 acciones nuevas por los 500 primeros derechos y los 10 derechos restantes se venderán automáticamente y nos ingresarán su valor de cotización.

2.- Tenemos acciones y queremos convertir los derechos en acciones:

- Si son múltiplos de 50 y queremos que nos den acciones no tenemos que hacer nada.

- Si no son múltiplos de 50 se nos abren dos opciones:

    - Vender los derechos sobrantes para quedarnos con múltiplos de 50.

    - Comprar más derechos de forma que nos quedemos también con múltiplos de 50.

3.- Tenemos acciones y no queremos convertir los derechos en acciones, queremos dinero en efectivo. En este caso tenemos dos opciones:

- Podemos vendérselos a la empresa que nos otorgó los derechos. La empresa tendrá un precio fijo que no cotizará para comprarnos los derechos. Para optar por esta modalidad deberemos comunicarlo, no es automático.

- La otra opción es vender los derechos en el mercado a otros inversores que deseen comprarlos. Tal como hacemos con cualquier compra o venta de acciones. El precio de los derechos que vendamos irá ligado a la cotización que tengan éstos en el mercado.

Una vez aclarado los múltiples nombre y el funcionamiento estándar de los scrip dividends, hemos de analizar las consecuencias que éstos tienen. Y es que por sencillos que parezcan, se generan opiniones muy contradictorias sobre ellos. En primer lugar, hay que destacar que **no suponen un pago real**. Para ilustrarlo pondremos un ejemplo con cifras redondas y pequeñas que nos dejen entender la realidad de los scrip dividends:

- La empresa A en total tiene 1.000 acciones a 10€ de cotización por acción.

- El valor de la empresa por tanto es de 10.000€.

- Para "pagar" a sus accionistas decide hacerlo a través de un scrip dividend en el que por cada 10 derechos que se posean se otorga una nueva acción.

- Por simplificar imaginaremos que todos los accionistas quieren canjear los derechos por acciones. Las 1.000 acciones generarán 1.000 derechos y al dividirlos por los 10 derechos necesarios para obtener una acción nueva, tendríamos un resultado de 100 acciones nuevas.

- La empresa A pasaría entonces a tener 1.100 acciones, sin embargo, su valor sigue siendo el mismo. Por emitir nuevas acciones no aumenta el valor de una empresa, el valor de una empresa aumenta por incrementar su facturación o sus beneficios.

- Por tanto si el valor de la empresa A se mantiene en 10.000€ y ahora tiene 1.100 acciones, cada acción tendrá un valor de 9,09€ en lugar de los 10€ que antes tenía.

Es decir, tras el scrip, la empresa vale lo mismo y nosotros tendremos más acciones pero de menor valor. Nuestra participación en la empresa es la misma y el valor de nuestras acciones es el mismo, por lo tanto, **no hay ningún pago al accionista**.

Efectivamente Leo, si vendemos los derechos nos pagarán en efectivo la cantidad a la que coticen los derechos pero nuestras acciones pasarán a valer menos. **Lo que nos pagan es a consecuencia de una bajada del precio de la acción por lo que es como si no nos hubieran pagado nada.**

Como casi todo en la vida, **esto tiene un pero: la amortización de autocartera.** Este nombre tan complejo no quiere decir más que eliminar acciones que la empresa posee de sí misma. Si la empresa realiza una amortización de autocartera por el número de acciones que emitió en el scrip volverá a tener las mismas acciones que tenía.

Siguiendo el ejemplo anterior, la empresa amortiza 100 acciones de su autocartera y vuelve a tener 1.000 acciones. Como su valor es el mismo (10.000€), las acciones pasarán a cotizar de nuevo por 10€. En el transcurso de la operación nos dieron acciones nuevas o efectivo por lo que ese sería un pago real.

Conclusión:

La mayoría de los scrip dividends son engaños a los accionistas para no repartir los beneficios de la empresa. Hay que analizar muy bien una empresa que "pague" sus dividendos con esta modalidad antes de entrar en ella.

Elegir broker: ómnibus o nominativo:

Ahora que ya tenemos claro cómo elegir las empresas en que invertir, hemos fijado nuestra estrategia y conocemos muchos de los detalles importantes, llega el momento de hablar sobre los brokers.

Recuerdo una conversación con un conocido que trabaja en uno de los grandes bancos de España. Le pregunté si sabía si las cuentas del broker de su banco eran nominativas o si por el contrario, eran ómnibus. No tenía ni idea, de hecho, tras indagar en el tema, no supo darme respuesta. Recurrí a otro conocido de otro gran banco español y la respuesta fue la misma: no sabían ni de lo que hablaba. ¡Y eso que ellos vendían el broker!

Lo cierto es que muchos inversores desconocen que existen estos dos tipos de cuentas:

Cuentas nominativas:

Las acciones están registradas directamente a tu nombre. La empresa en la que inviertes tiene registrados tus datos y podrá enviarte comunicaciones directamente.

Cuentas ómnibus o cuentas globales:

Las acciones no están a tu nombre. Están a nombre del broker y el broker tiene un apunte de las acciones que te pertenecen. Fuera del mercado español, aún no he encontrado un broker nominativo. Diría que no lo hay, al menos de los que ofrecen servicio online. Fuera de nuestro mercado parece una práctica común el utilizar cuentas ómnibus. Esto se hace para facilitar la gestión del broker y a consecuencia de ello, éste puede ofrecernos unas comisiones que normalmente son más bajas.

He de reconocer que este era **uno de los temas que más me preocupaba** a la hora de elegir broker. Estados Unidos es el mercado que más me gusta para nuestra estrategia por la cultura de trato al accionista minoritario que poseen. Es por ello que he estado investigando al respecto y hablando con abogados especializados en la materia. Uno de ellos llevando juicios de brokers quebrados en USA, UK y España con cuentas nominativas y ómnibus. Las conclusiones son las siguientes:

- Tan propietario eres de las acciones en cuentas ómnibus como de las acciones en cuentas nominativas. Esto es así porque **la propiedad de los títulos no requiere la forma nominativa** como condición esencial.

- **El broker o banco quebrado no es propietario de los títulos** depositados en ningún país de Europa occidental, USA, Canadá, Australia, Japón e Israel.

- Si tu banco o el broker de tu banco quiebran, las acciones de las que seas propietario, depositadas en cualquiera de los dos o en cualquier otro subdepositario, **son tuyas**.

- Sólo hay que acreditar la propiedad a los administradores de la quiebra, separarlas de la masa de la quiebra y depositarlas en otro banco. Hay casos en que se ha hecho en USA, UK y España.

- El único problema para el accionista consiste en acreditar su propiedad. Es un problema judicial de prueba, no de forma de anotación de valor. La prueba más eficaz es la **certificación bancaria de propiedad de acciones**. Se la puedes pedir a tu banco o broker. Ha de tener firma (a ser posible entera, no sólo la rúbrica, que luego en los Juzgados se puede negar la autoría y el perito calígrafo se vuelve loco) y sello. Este documento lo necesitarás tanto para cuentas nominativas como para cuentas ómnibus.

- Tras denunciarlo y presentar las pruebas de propiedad, deberás contratar con otro banco o broker el depósito de las acciones que tenías en el broker quebrado. Éste lo informa a los administradores de la quiebra y pasas a tener tus acciones, que nunca has perdido, en el nuevo banco.

- **Sólo en caso de fraude o delito** entra en juego el FOGAIN o la SEC de turno. Por ejemplo, cuando han prestado o vendido tus acciones. Y eso tanto si las acciones estaban en cuentas nominativas como ómnibus. Si se comete un delito, el tipo de anotación de la cuenta no es un impedimento. Se llama delito de apropiación indebida. La acción es líquida, la ponen en el mercado y la venden. Ningún broker va a preguntar de quién son las acciones. Ese riesgo jurídico es inevitable, todos lo tenemos y para eso están los fondos de garantía. Son ellos los que te abonarán lo que pagaste por las acciones (no el valor actual) hasta los límites legales. Eso sí, lo harán tras el correspondiente procedimiento administrativo en el que vuelves a tener que probar la propiedad de tus acciones.

Conclusiones:

1.- **Es indiferente tener cuenta nominativa o cuenta ómnibus.**

2.- Opera con un **banco sistémico**. Reducirás el riesgo de quiebra. Puedes encontrar un listado con facilidad pero algunos ejemplos que tienen una presencia importante en España son: ING, Santander, Citigroup, Deutsche Bank, BNP.

3.- Asegúrate de **tener los correspondientes certificados bancarios de propiedad de acciones**, y toda la documentación de los extractos mensuales del banco.

4.- Preocúpate más de **que no quiebre la empresa de la que eres accionista**. Ahí sí que pierdes todo sin remedio alguno.

Capítulo 6:
Simulaciones de inversión para vivir del dividendo:

Es el momento de llevar la estrategia a la realidad. Llegados a este momento ya tenéis clara la estrategia a seguir:

- Tenéis claro que la inversión en bolsa a largo plazo es la más rentable y la que más os ayudará a alcanzar la independencia financiera.

- Sabéis analizar empresas con el análisis ANA.

- Conocéis la importancia del crecimiento de los dividendos en nuestra estrategia.

- Entendéis la importancia de la diversificación.

- Habéis aprendido lo que es un scrip dividend y la importancia de elegir un broker ómnibus o uno nominativo.

Sólo queda llevar la estrategia al terreno práctico. Echar números y realizar simulaciones para ver cuánto has de invertir y cuánto tiempo tardarás en vivir del dividendo.

Para ello utilizaremos un simulador que os ofrezco para vuestro uso en este link: https://goo.gl/Ikc89B

Desde el link que os he dejado podéis ver el simulador de inversión y, si queréis utilizarlo, podéis crear una copia ("Archivo" / "Crear una copia") y metéis los datos que veáis oportunos:

¿Cómo funciona el simulador?

Su funcionamiento es bastante sencillo. Tenéis un cuadro de datos en la parte superior izquierda donde debéis meter los datos con los que queráis realizar la simulación:

Cotización (Año 1):	10,00
Dividendos por acción (Año 1):	0,45
Crecimiento anual DPA:	10%
Inflación:	2%
Inversión inicial:	0
Ahorro Anual:	2.400
Crecimiento ahorro anual:	2%
Objetivo de salario/mes deflac:	1.000 €

Os explico el significado de cada uno de los datos que debemos introducir:

- *Cotización (Año 1):*
  Se trata de un valor que carece de sentido por sí mismo. La clave es la relación que mantenga este valor con el segundo: "Dividendos por acción (Año 1)". Si ponemos 1€ de cotización en el primer valor y estamos pensando en una rentabilidad inicial promedio del 5% tendremos

que poner 0,05€ en los dividendos por acción (el segundo valor).

De igual forma podríamos poner 10€ y 0,5€ o 100€ y 5€. Se trata de un valor que es irrelevante si es alto o bajo, sólo importa su relación con el segundo.

- *Dividendos por acción (Año 1):*
  Este valor, como ya he explicado, va íntimamente relacionado con el primero. En función de la rentabilidad por dividendo (RPD) inicial que queramos utilizar pondremos un valor u otro. Mi recomendación es que, si no sabéis que RPD utilizar, miréis las cinco empresas que más os llaman la atención para invertir y hagáis una media. Si aún no las habéis analizado podéis tomar para **España entre un 4% y 6% y en USA entre un 2% y 3%**. Esto variará si la bolsa sube o baja, esos número que os he dado os valen para principios de 2016.

- *Crecimiento anual DPA:*
  Hemos hablado previamente en el libro sobre este concepto. El crecimiento anual de los dividendo por acción es clave y en el análisis que hemos realizado en

este libro obtuvimos un 13% anual. No obstante, recomiendo utilizar entre un **6% y un 10%** siendo un 6% bastante pesimista, un 8% un escenario neutral y un 10% un escenario positivo.

- *Inflación:*

  Es el crecimiento de los precios. El objetivo del BCE es lograr estabilizarla en un promedio del 2% por lo que utilizar ese número será bastante fiable en una media a lo largo de los años.

- *Inversión inicial:*

  Si tienes pensado invertir una cantidad que tengas ahorrada de golpe al inicio o ya tienes algo invertido en bolsa deberás añadir esa cantidad en este campo.

- *Ahorro anual:*

  Indica la cantidad de dinero que puedes destinar al año a la inversión en bolsa.

- *Crecimiento ahorro anual:*

  Indica el porcentaje que crees que podrás aumentar el ahorro anual destinado a bolsa cada año. Si crees que no podrá aumentar deberás poner un 0%, si crees que bajará con los años deberás poner un porcentaje negativo. Por defecto dejo un 2% para igualarlo a la inflación.

- *Objetivo de salario/mes deflactado:*
  Aquí tienes que indicar con qué cantidad de salario mensual te conformarías como objetivo de la estrategia. Deflactado significa que toma en cuenta el efecto de la inflación.

Leer los resultados:

Una vez hayáis introducido los números correspondientes a los campos descritos tendréis todo el cuadro inferior relleno. Mi recomendación es mirar sólo el año y la columna con fondo naranja ("Sueldo neto/mes Def"):

Año	A. Anual	I. anual	Cotización	NuevasAccs	Total Accs	DPA	Div. Brutos	Div. Br. - Min. pers.	Div. Netos	Div. Netos Def	Sueldo neto/mes Def
2015	2.400	2.400	10,00	240	240	0,45	108	0	108	108	9
2016	2.448	2.556	11,00	232	472	0,50	234	0	234	229	19
2017	2.497	2.731	12,10	226	698	0,54	380	0	380	365	30
2018	2.547	2.927	13,31	220	918	0,60	550	0	550	518	43
2019	2.598	3.148	14,64	215	1.133	0,66	746	0	746	690	57
2020	2.650	3.396	16,11	211	1.344	0,72	974	0	974	882	74
2021	2.703	3.677	17,72	208	1.551	0,80	1.237	0	1.237	1.098	92
2022	2.757	3.994	19,49	205	1.756	0,88	1.540	0	1.540	1.341	112
2023	2.812	4.352	21,44	203	1.959	0,96	1.890	0	1.890	1.613	134
2024	2.868	4.758	23,58	202	2.161	1,06	2.293	0	2.293	1.919	160
2025	2.926	5.219	25,94	201	2.362	1,17	2.757	0	2.757	2.262	188
2026	2.984	5.741	28,53	201	2.564	1,28	3.291	0	3.291	2.647	221
2027	3.044	6.335	31,38	202	2.765	1,41	3.906	0	3.906	3.080	257
2028	3.105	7.010	34,52	203	2.968	1,55	4.612	0	4.612	3.565	297
2029	3.167	7.778	37,97	205	3.173	1,71	5.423	0	5.423	4.110	342
2030	3.230	8.653	41,77	207	3.380	1,88	6.354	0	6.354	4.721	393
2031	3.295	9.649	45,95	210	3.590	2,07	7.424	353	7.357	5.359	447
2032	3.361	10.718	50,54	212	3.802	2,27	8.649	1.436	8.376	5.982	498
2033	3.428	11.804	55,60	212	4.015	2,50	10.045	2.688	9.534	6.675	556
2034	3.496	13.030	61,16	213	4.228	2,75	11.636	4.132	10.851	7.448	621
2035	3.566	14.417	67,27	214	4.442	3,03	13.448	5.794	12.347	8.309	692
2036	3.638	15.985	74,00	216	4.658	3,33	15.512	7.705	14.014	9.246	771
2037	3.710	17.724	81,40	218	4.876	3,66	17.861	9.898	15.902	10.286	857
2038	3.785	19.687	89,54	220	5.096	4,03	20.533	12.410	18.047	11.444	954
2039	3.860	21.907	98,50	222	5.318	4,43	23.572	15.287	20.482	12.734	1.061

En esa columna podréis ver los ingresos vía dividendos que tendréis prorrateados mensualmente. Esa columna tiene en cuenta los impuestos actuales y el efecto de la inflación, de forma que si en 2039 os da un sueldo neto mensual deflactado de 1.061€ realmente en ese año puede recibáis entorno a 1.700€ pero el valor que tendrán será idéntico al de 1.061€ de hoy.

Tenéis muchísimas columnas que si tenéis curiosidad podéis investigar abriendo las fórmulas para entender bien los que significan.

Escenarios:

Antes de hablar de los escenarios es necesario aclarar que los resultado que mostraré serán siempre aproximados y dependerá mucho de la evolución real el que los objetivos se adelanten o atrasen.

Para los escenarios que voy a calcular a modo de ejemplo tomaré una rentabilidad por dividendo del 4% y un crecimiento anual de los dividendos del 8%. Ambas cifras son fácilmente conseguibles, estaríamos en un escenario neutral. La inflación la mantendré al 2% y el crecimiento anual de lo que invirtamos en bolsa también crecerá un 2% para ir igualando a la inflación. Lo que irá variando será el objetivo a lograr, que siempre será un objetivo neto deflactado, y la cantidad a invertir.

1.- Objetivo 1.000€/mes invirtiendo 100€/mes:

Invirtiendo 100€ mensuales, al cabo de **36 años** conseguiremos una renta de 1.000€ mensuales netos deflactados. Con esta inversión conseguiremos un magnífico complemento para nuestra jubilación invirtiendo una cantidad muy fácilmente asumible.

Lo interesante es que si en ese momento dejamos de invertir y vivimos del dividendo, al cabo de 13 años nuestros ingresos se multiplicarán por dos y tendremos 2.000€ /mes netos deflactados. Esto ocurre por el crecimiento de los dividendos y el interés compuesto.

¿Sabéis cuánto tardaremos en alcanzar 3.000€/mes? Tan sólo 7 años más. ¿Y 4.000€? 5 más. Y todo esto sin invertir 1€ más y gastando todos los dividendos cobrados.

Al cabo de 61 años vuestra inversión de 100€/mes realizada a lo largo de 36 años, se convertirá en unos ingresos de 4.000€ mensuales netos deflactados. Supongo que 61 años se os quedan algo lejanos pero pensad que viviréis de ello desde los 36 años años y posteriormente vuestra capacidad adquisitiva se incrementará cada vez más rápido hasta que dejéis esa bonita fuente de ingresos a vuestros herederos.

2.- Objetivo 1.000€/mes invirtiendo 300€/mes:

Pasamos a invertir el triple de lo que invertíamos en el primer escenario. Sigue siendo una cantidad asumible incluso para quien tenga un sueldo bajo, la clave es recortar en gastos que no aporten mucho.

Con una inversión de 300€/mes conseguiríamos unas rentas de 1.000€ al mes en cuestión de **25 años**. Esto suena mejor, si tienes 25 años podrías adelantar tu jubilación a los 50 años. Si tienes algunos más podrás adelantar unos añitos tu jubilación u obtener un muy buen complemento para disfrutar de esos años.

3.- Objetivo 1.000€/mes invirtiendo 500€/mes:

Esta cantidad es algo más compleja de alcanzar, pero habrá muchos casos de personas con un salario más alto o menor número de gastos (piso sin hipoteca, sin hijos, etc.) que consigan invertir 500€/mes.

En este caso alcanzaremos alcanzaremos los 1.000€ en **20 años**. La verdad es que invirtiendo un 66% más (200€/mes) que en el escenario 2, sólo conseguimos reducir un 20% del tiempo (5 años). Esto ocurre por la importancia del tiempo en nuestra estrategia. El interés compuesto va haciendo un mayor efecto cuanto más años pasan.

4.- Objetivo 2.000€/mes invirtiendo 300€/mes:

Pasamos a duplicar el objetivo, de 1.000€ a 2.000€ mensuales netos deflactados. En este escenario sobrentendemos que los ingresos que tenéis son algo superiores y comenzamos por una inversión de 300€/mes.

En **32 años** podréis vivir del dividendo. 8 años después esos 2.000€ se habrán convertido en 3.000€ y 5 años más tarde serán 4.000€ mensuales netos deflactados. Y eso sin invertir nada más desde los 32 años. ¡Viva el interés compuesto!

5.- Objetivo 2.000€/mes invirtiendo 600€/mes:

18 años. Esto va sonando mejor, ¿verdad?

6.- Objetivo 2.000€/mes invirtiendo 1.000€/mes:

Esta inversión es ya bastante potente pero oye, ¡seguro que más de un lector podrá permitírsela!

En este caso alcanzaremos los 2.000€/mes en tan sólo **14 años**. Un número muy atractivo que puede dar algo de envidia por la capacidad de inversión tan elevada. Si tu caso es ese, ya sabes, empieza a pensar cómo ganar más dinero desde hoy mismo y pon todo tu esfuerzo en seguir el plan al pie de la letra.

7.- Objetivo 3.000€/mes invirtiendo 600€/mes:

Aumentamos el objetivo a 3.000€ mensuales netos deflactados. Tener objetivos grandes es siempre positivo, nos fuerza a trabajar más por conseguirlos.

¿Qué es lo peor que puede ocurrir? Si te pones un objetivo de 3.000€ y te quedas en 2.500€ siempre será mejor que si tu objetivo es de 2.000€ y te quedas en él. Por eso es positivo tener objetivos grandes, te hace trabajar más y llegar más lejos.

Invirtiendo 600€/mes conseguiremos el objetivo de vivir del dividendo al cabo de **30 años**.

8.- Objetivo 3.000€/mes invirtiendo 1.000€/mes:

Este es mi caso personal. Estoy tratando de alcanzar la bonita cifra de 3.000€/mes invirtiendo 1.000€/mes.

En este caso alcanzaremos el objetivo en **25 años**. Personalmente quiero lograr reducir lo máximo posible esa cifra y para ellos cuento con una ventaja y un objetivo agresivo.

La ventaja es que en Marzo de 2016 ya tengo 85.000€ invertidos con una rentabilidad por dividendo que con mis precios de compra supera el 5,5%.

El objetivo agresivo que me autoimpongo es que la cantidad destinada a inversión en bolsa crezca un 10% anual. Es mi forma de obligarme a trabajar por aumentar mis ingresos y reducir mis gastos.

Con la ventaja y el objetivo que os comenté el plan es que dentro de **14 años** consiga los 3.000€/mes netos deflactados.

Conclusiones del simulador:

Para cerrar este capítulo me gustaría resaltar un par de ideas a modo de conclusión:

1.- Cuando dejéis de invertir vuestros ingresos seguirán creciendo.

Recordad que cuando viváis del dividendo, a pesar de que ya no invertís más, el efecto del crecimiento de los dividendos por encima de la inflación hará que vuestros ingresos sigan creciendo. En alguno de los escenarios os he puesto ejemplos del tiempo que tardan en crecer los ingresos y como véis, gracias al efecto del interés compuesto, los ingresos crecen cada vez más rápido a lo largo del tiempo.

2.- Regla del 30.

Podéis utilizar esta regla a modo de cálculo rápido. Si inviertes un 30% de tu salario actual durante 30 años, conseguirás unos ingresos por dividendos idénticos a tu salario actual.

Inviertes 30% del salario durante 30 años = Tu salario

Esta regla, siendo agresivo podría ajustarse a 25% durante 25 años pero si queréis ir sobre seguro utilizad la regla del 30. Es una forma fácil de comentarlo cuando vuestros amigos o familiares se interesen por el tema, ¡si es que en algún momento lo hacen!

Capítulo 7:
El Plan: Las 10 primeras cosas que has de hacer.

1.- Construye tu **excel de ingresos y gastos**. Añade todo tipo de gastos, desde los mensuales (hipoteca, recibos, ocio, ropa, etc.) hasta los anuales (IBI, impuesto de circulación, seguro del coche, etc.). Detalla los gastos lo máximo posible.

2.- Piensa en formas de **reducir tus gastos**. En este libro tienes varios ejemplos.

3.- Establece una **cantidad mensual que puedas dedicar a invertir y aparta** esa cantidad el mismo día en que recibas tu nómina.

4.- Haz una preselección de las **10 empresas** que más te gusten y realiza el **análisis ANA** de todas ellas. Te recomiendo incluir alguna empresa americana desde el inicio.

5.- **Contrata un broker que no te cobre comisiones** por custodia, cobro de dividendos, asistencia a juntas, etc. Para nuestra estrategia esto es clave. En mi caso utilizo el broker de ING, cumple con lo que os comento y me resultaba cómodo al ser cliente suyo. Sólo os lo digo para orientaros por si no sabéis por donde empezar pero quiero dejar claro que no tengo ninguna relación con ellos más allá de la de un cliente más.

6.- Realiza **compras pequeñas de las 5 empresas que más te gustasen al realizar el análisis ANA**. No te preocupes si la comisión de compra supone hasta un 2% de la operación. Piensa que si no tienes comisiones más allá de las compras, ese porcentaje sería lo que un fondo te cobraría cada año y tú sólo afrontarás ese pago una vez en la vida.

7.- **Haz el seguimiento de todas tus compras y cobros de dividendos**. Para ello te dejo este link https://goo.gl/LeH561 con la hoja de cálculo que yo utilizo para ello. Es compleja pero no hay una forma sencilla de realizar el seguimiento. Como en el caso del simulador, lo único que tienes que hacer es pinchar en "Archivo" y en "Crear una copia" y será tuya.

8.- Ponte un objetivo de realizar **4 análisis ANA al mes**, uno por semana. No debería llevarte más de 2 horas cada uno. El objetivo es crear una lista de mínimo 20 empresas que e

9.- Realiza tus compras siguiendo los criterios de **diversificación** de los que hemos hablado en este libro.

10.- **No vendas y sigue comprando**. No te dejes llevar cuando veas subidas grandes ni bajadas enormes. Confía en la estrategia y no vendas salvo una crisis de una empresa que sea insalvable.

Me despido de vosotros deseando el mayor éxito en vuestra carrera por llegar a vivir del dividendo. Pero antes de terminar quiero dejaros un extra, todos los análisis de empresas que ya he realizado y que espero que os sean de utilidad.

Capítulo 8:
Bonus: empresas analizadas

1.- Análisis ANA: Nike

Analizando los fundamentales de Nike creo todos estaremos de acuerdo en que una empresa con una marca tan potente como Nike es conocida y apreciada por todos:

Nike nace a mediados de los años 60, pero no fue hasta 20 años más tarde, cuando lograron su asentamiento como gran marca a nivel mundial. Esto llegó de la mano del patrocinio de Michael Jordan.

En la actualidad, además de calzado deportivo, Nike vende cualquier tipo de prenda o complemento de los deportes más importantes del planeta. Su marca es aspiracional, es deseada por la mayoría de los consumidores y es lo que realmente le diferencia de su competencia.

Vamos a lo realmente importante, el **análisis ANA:**

- Activos importantes:
Marca deseada líder en su sector, movimiento de su negocio tradicional hacia el sector de la información con Nike+.

- Estabilidad de negocio a futuro:
La ropa deportiva, obviamente, siempre se necesitará. Además, con el paso de los años la sociedad se conciencia cada vez más en lo importante que es realizar algo de deporte para su salud por lo que el número de consumidores previsiblemente crecerá. Entrando en los números:

- *Ventas:*
  Crecimiento en los últimos 5 años: 9,98% anual.

- *Beneficios por acción:*
  Crecimiento anual del 14% los últimos 4 años.

- *Dividendos por acción:*

En línea con el crecimiento del BPA.

- *Payout:*
  Bajísimo, tan sólo un 29,5%.

- Buen trato al accionista:
Nike lleva 31 años repartiendo dividendos ininterrumpidamente. Los dividendos han crecido un 13,8% cada año y nunca los ha reducido.

Cumple a la perfección con el análisis ANA. Invertir en Nike parece todo un acierto.

2.- Análisis ANA: General Electric

Antes de entrar en detalles, me gustaría comentar que hablamos de una compañía fundada en 1892 por Thomas Alva Edison. Es realmente emocionante ser dueño de una empresa cuyo fundador inventó tantas cosas que hicieron avanzar tanto a la sociedad.

General electric posee distintas filiales para cubrir diferentes áreas de negocio. Éstas son: GE Aviation, GE Capital, GE Energy Management, GE Healthcare, GE Lighting, GE Oil & Gas, GE Power & Water y GE Transportation. Cubren muchísimos sectores y en cada uno de ellos son relevantes. Hablamos por tanto de una de las empresas más diversificadas del mundo en cuanto a países y sectores donde opera. Algunos dicen que invertir en General Electric es como "invertir en el mundo" porque con ella cubres casi todos los sectores en casi todos los países del mundo.

Análisis ANA:

- **Activos importantes**:
Empresa gigante que posee más de 300.000 empleados y una facturación de entorno a 150 billones (americanos) de dólares. Muy diversificada y referente en los sectores en los que opera.

- **Estabilidad de negocio a futuro**:
Opera en sectores básicos para el desarrollo de cualquier sociedad. Además, ha demostrado que es capaz de adaptarse a lo que sea necesario para seguir cubriendo las necesidades que surjan de la evolución de la sociedad.

- *Ventas:*
  Crecimiento en los últimos 5 años del -1,07% anual.

- *Beneficios por acción:*
  Crecimiento anual en los últimos 5 años del 8,2%.

- *Dividendos por acción:*
  Crecimiento anual del 10,4%, algo superior al crecimiento del BPA.

- *Payout:*
  Está en el 60%. Es aceptable aunque tendiendo a cotas que podrían empezar a ser peligrosas.

- Buen trato al accionista:
General Electric lleva 30 años repartiendo dividendos ininterrumpidamente y los dividendos han crecido un 8,5% cada año. En 2009, por primera vez en su historia tuvo que reducir sus dividendos de 0,31$ trimestrales a 0,10$. Desde 2009 ha recuperado hasta 0,23$ trimestrales, esto supone un crecimiento anual del 15% desde esa fecha.

La empresa no cumple con todo el análisis ANA pero esto se debe a lo mucho que le afectó a su filial financiera (GE Capital) la crisis de 2008. Invierto en ella porque rectificar es de sabios. GE ha decidido deshacerse del negocio de su filial financiera y enfocarse el resto de filiales. Esto hará de GE una empresa más estable y fuerte en los sectores en los que continuará operando.

3.- Análisis ANA: Procter & Gamble

Si analizamos los fundamentales de P&G todos estaremos de acuerdo en que una empresa que posee todas estas marcas es un seguro de vida:

Gillete, Pantene, Fairy, Ariel, Don Limpio, H&S, Braun, Oral B, Tampax, Dodot, Ausonia, Evax, Duracell y unas cuantas marcas más pertenecen a Procter & Gamble. Es abrumador el dominio que tienen en el sector de gran consumo. ¡Y sólo he mencionado las conocidas en España!

Sólo por estos activos merecería la pena ser accionista de esta empresa pero si profundizamos en su historia vemos que es una empresa con **178 años de historia con presencia en más de 160 países y poseedora de más de 300 marcas diferentes**.

Procter & Gamble lleva 57 años consecutivos incrementando sus dividendos. En los últimos 40 años su incremento anual ha sido del 7,5%. Invertir en Procter and Gamble es **todo un seguro de vida**.

Actualmente su payout es del 63% y acaba de vender algunas de sus marcas menos importantes en facturación para enfocarse en las líderes.

Cumple perfectamente con el análisis ANA que siempre sigo para realizar compras:

- Activos importantes:
Multitud de marcas número 1 en su categoría.

- **Estabilidad de negocio a futuro:**
Empresa con 178 años de historia con productos que se seguirán necesitando dentro de 30 años.

- *Ventas:*
  Crecimiento en los últimos 4 años del -1,9% anual.

- *Beneficios por acción:*
  Crecimiento anual en los últimos 4 años del -11,6%.

- *Dividendos por acción:*
  Crecimiento anual del 6,6% en los últimos 5 años.

- *Payout:*
  Está en el 60%. Es aceptable aunque tendiendo a cotas que podrían empezar a ser peligrosas.

- **Buen trato al accionista:**
57 años consecutivos incrementando el dividendo nos dicen todo.

Es cierto que el momento actual es algo complejo por lo perjudicadas que se han visto sus ventas con la subida del dólar que se ha apreciado entorno a un 30% en cuestión de pocos meses.

Esto lastra fuertemente sus resultados pero Procter & Gamble es de esas empresas que son un seguro de vida y con una rentabilidad por dividendo superior al 3% no tendría ninguna duda a la hora de incorporarla a nuestras carteras de inversión.

4.- Análisis ANA: Telefónica

Lo cierto es que me resistí mucho a analizar Telefónica. La he ido aplazando en muchas ocasiones por diversos factores. Me parecía que el futuro de las telecomunicaciones pasaba por nuevas empresas tecnológicas como Google o Facebook.

Dos cosas me han hecho darme cuenta de que las empresas grandes de telecomunicaciones tienen factores que las hacen imprescindibles en el largo plazo:

1.- Infraestructura de redes:
Parece que un gigante como Google ha realizado varios intentos para dar servicio de conectividad a internet, sin embargo, las enormes barreras de entrada le han hecho renunciar a ello y se

ha centrado más en dar servicio a través de empresas de telecomunicaciones.

2.- Ampliación de oferta comercial:
Con su entrada en el mundo de la televisión por internet, pueden jugar un papel fundamental en el futuro. Además, cada vez es capaz de ofrecer más servicios como el de seguridad a través de alarmas.

Entrando en la historia de la empresa, Telefónica nació en 1924 y ya en 1945 el Estado se hizo con casi un 80% de las acciones de la empresa. Hasta 1999 no volvió a ser una empresa pública. Quizás algunos penséis que me equivoco en el término pública/privada pero no, una empresa la considero pública cuando cualquiera puede comprarla y sus datos son publicados y conocidos por todos, es decir... públicos. La considero privada si no se puede acceder a ser accionista de ella libremente y no se conocen sus resultados. Así lo hacen los americanos y me parecen los términos más correctos.

Análisis ANA:

- **Activos importantes**:

Empresa de telecomunicaciones número 1 en España, número 2 en Europa y número 6 en el mundo. Grandes avances en la unificación de oferta de servicios.

- Estabilidad de negocio a futuro:
Por lo comentado anteriormente, parece que a las telcos les queda cuerda para rato. Pasamos a analizar los números:

- *Ventas:*
  Crecimiento en los últimos 5 años: -2,26% anual.

- *Beneficios por acción:*
  Crecimiento anual en los últimos 5 años: -18,63%.

- *Dividendos por acción:*
  En línea con el decrecimiento del BPA. Analizando los número históricos, desde 1997 a 2015, el dividendo ha crecido un 1,9% anual tomando en cuenta el efectivo (0,40€) + scrip (0,35€). Si sólo tomamos el efectivo estaríamos ante un decrecimiento del -1,6% anual.

- *Payout:*
  64,5% para el dividendo en efectivo y un absurdo 120% tomando el efectivo y scrip.

- **Buen trato al accionista**:

Telefónica ha suspendido sus dividendos en el pasado reciente y actualmente da una parte del dividendo en scrip. Sin duda, el trato al accionista es deficiente.

Los número del análisis ANA no admiten discusión alguna, son malos, muy malos.

No cabe duda de que **los últimos 15 años no han sido buenos para las telcos**. De hecho, Telefónica ha sufrido menos que otras, pero no es su pasado el que me hace confiar en ella. En esta ocasión **confiamos en que su futuro sea mucho más prometedor** que el pasado. La concentración de empresas en el sector, la entrada en el mundo de la televisión y el contenido y el aumento de la oferta comercial me hacen confiar en ella. Esperemos que no nos arrepintamos de invertir en Telefónica, una de las grande multinacionales españolas.

5.- Análisis ANA: AT&T

Tras analizar Telefónica en España y llegar a la conclusión de que a las telcos les quedan mucha más vida de la que imaginaba me decidí a analizar a su homóloga en USA, AT&T.

Las similitudes entre ambas son bastante importantes, las dos fueron monopolios en sus países, ambas son líderes en sus países y ambas entraron en el negocio de los contenidos audiovisuales.

Con más de 240.000 empleados y más de 120 años de historia toca realizar nuestro análisis ANA.

Análisis ANA:

- Activos importantes:
Empresa de telecomunicaciones número 1 en USA, número 2 en el mundo, sólo por detrás de China Mobile. Grandes avances en la unificación de oferta de servicios y apostando fuertemente por la internacionalización en Latam.

- Estabilidad de negocio a futuro:
Por lo comentado anteriormente, parece que a las telcos les queda cuerda para rato. Pasamos a analizar los números:

- *Ventas:*
  Crecimiento en los últimos 5 años del 1,6% anual. Sin embargo, si miramos los últimos 10 años, veremos un sorprendente crecimiento del 13% anual.

- *Beneficios por acción:*
  Crecimiento anual en los últimos 10 años del 6,5%.

- *Dividendos por acción:*
  En línea con la evolución del BPA. Crecimiento anual en los últimos 10 años del 4,1%.

- *Payout:*

    Tomando el BPA ajustado de 2,51$ en 2014 y los dividendos pagados en ese año tenemos un payout del 73,6%. Este es un dato importante dado que cuando yo realizaba un análisis superficial veía ratios del 150% que no tenían sentido. Esto sucedía por no utilizar el BPA ajustado.

- **Buen trato al accionista**:

32 años consecutivos incrementando el dividendo son una garantía del funcionamiento de esta empresa. Con crisis y sin crisis trata muy bien a sus accionistas.

Los datos son buenos pero es que si además le sumamos que con el precio actual la rentabilidad por dividendo es del 5,5%, algo muy poco frecuente para USA donde las rentabilidades normalmente están entre el 1% y el 3%. Con todos estos datos no tengo otra recomendación más que la de comprar.

6.- Análisis ANA: IBM

Cuando hablamos de IBM estamos mencionando a un gigante de más de 400.000 empleados y 104 años de historia. ¡Si juntásemos a todos los empleados serían más que todos los habitantes de Bilbao!

IBM alberga más patentes que ninguna otra empresa de tecnología de Estados Unidos, y tiene nueve laboratorios de investigación. Sus empleados han recibido cinco Premios Nobel, cuatro Premios Turing, nueve National Medals of Technology y cinco National Medals of Science. Las invenciones famosas de IBM incluyen el cajero automático, el disquete, el disco duro, la banda magnética, el modelo relacional, el Universal Product Code, el "financial swap," el sistema de reservas aéreas SABRE, DRAM y el sistema de inteligencia artificial Watson.

Está claro que IBM es una gran empresa con una gran historia a sus espaldas pero veamos cómo responde su presente a nuestro exámen.

Análisis ANA:

- **Activos importantes**:

Empresa tecnológica más grande del mundo por número de empleados y facturación. Ha conseguido adaptarse a lo largo de más de 100 años y actualmente se posiciona realmente bien en áreas como cloud y el análisis de grande volúmenes de datos (big data). Están realizando una magnífica transición del mundo de la venta de hardware al mundo del software, las soluciones y la consultoría tecnológica.

- Estabilidad de negocio a futuro:
Por lo comentado anteriormente, parece que IBM es capaz de adaptarse a los nuevos tiempos pero analicemos los números:

- *Ventas:*
  Crecimiento en los últimos 5 años del -1,8% anual.

- *Beneficios por acción:*
  Crecimiento anual en los últimos 5 años del 1%.

- *Dividendos por acción:*
  24% anual. Realmente alejado de los incrementos de sus beneficios.

- *Payout:*

43,4%. IBM demuestra tener músculo de sobra para continuar incrementando sus dividendos mientras termina su transformación.

- Buen trato al accionista:
Viendo los incrementos de dividendos con un negocio que apenas creció en los últimos 5 años se nota que IBM tiene como primera prioridad el trato al accionista.

No son los mejores momentos de la historia de IBM pero una crisis temporal puede ser un gran momento para añadirla a nuestra cartera. La clave es que la crisis sea temporal y retome los crecimientos pasados. Y lo cierto es que por los análisis que hemos realizado parece que así será.

7.- Análisis ANA: Costco

Llegó la hora de incorporar un retailer. Llevaba tiempo meditando si invertir en WalMart, Macy's o Costco y finalmente ha sido esta última la que ha resultado ganadora entre las 3.

Costco es el segundo retailer del mundo tras WalMart, cuenta con 200.000 empleados y su gran particularidad es que para comprar en su establecimiento has de ser socio y pagar una cuota anual. Esta cuota te da derecho a poder comprar en Costco y disfrutar de los enormes descuentos de los que hacen gala. Además, los socios son realmente fieles a Costco.

Por otra parte, a diferencia de WalMart o Macy's, Costco está planteando una expansión internacional interesante. De hecho, en España ya tienen 2 tiendas, una en Getafe y otra en Sevilla.

Análisis ANA:

- Activos importantes:
Segundo retailer del mundo con millones de socios que compran fielmente en sus establecimientos. Precios muy competitivos y planes de expansión internacional.

- Estabilidad de negocio a futuro:
Si algo está claro es que tras asentarse internet en nuestras vidas, la gente sigue y seguirá comprando en tiendas físicas. Y no sólo eso, sino que aquellos con tiendas físicas son los que más posibilidades tienen de crear sinergias entre el mundo online y el mundo físico. Al retail le queda mucha vida por delante. Pasamos a analizar los números:

- *Ventas:*
  Crecimiento en los últimos 5 años del 6,5% anual.

- *Beneficios por acción:*
  Crecimiento anual en los últimos 5 años del 12,7%.

- *Dividendos por acción:*
  Algo superior al crecimiento del BPA. En los últimos 5 años el dividendo ha crecido un 17,5% anual.

- *Payout:*
  El recorrido que tiene es brutal, su payout es tan sólo del 29,5%.

- Buen trato al accionista:
11 años repartiendo dividendos y 11 años de incrementos año tras año. En los 11 años el crecimiento anual medio es del 13,4%.

Además de esto Costco ha repartido 3 dividendos especiales, el último en Febrero de 2015 de 5$ por acción, más de 3 veces el dividendo anual actual. El trato al accionista podría decirse que es inmejorable.

Los número del análisis ANA no admiten discusión alguna, son impresionantes.

8.- Análisis ANA: Santander

Santander es el banco español más grande y el undécimo más grande del mundo por capitalización bursátil:

Rank	Banco	País	Cap. Bursátil *
1	Industrial & Commercial bank of China (ICBC)	China	284,25
2	Wells Fargo & Co	U.S.A.	261,23
3	China Construction Bank	China	229,18
4	Bank of China	China	215,77
5	JP Morgan Chase & Co.	U.S.A.	213,88
6	Agricultural Bank of China	China	190,11
7	HSBC Holdings	UK	167,90
8	Bank of America	U.S.A.	151,74
9	Citigroup	U.S.A.	149,88
10	Commonwealth Bank of Australia	Australia	99,21
11	Banco Santander	España	88,63

De hecho, si excluimos los bancos de China sería el séptimo del mundo y excluyendo también los estadounidenses sería el tercero. Además es un banco sistémico en España y también lo es a nivel mundial. El negocio de los bancos es de esos que a nadie emociona pero nadie cuestiona que dentro de varias décadas seguirá existiendo.

Cuando hablamos de Santander estamos hablando de un banco de **más de 185.000 empleados, con 117 millones de clientes y con un negocio realmente bien diversificado**:

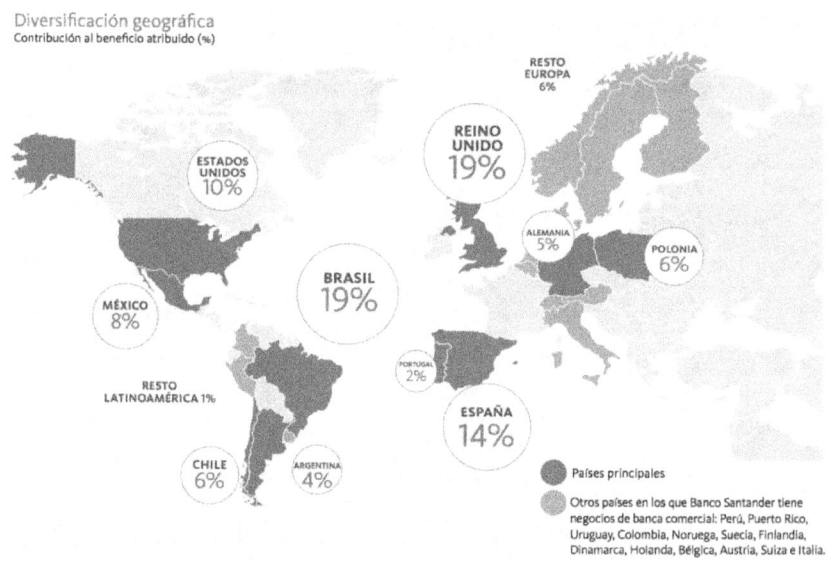

La verdad es que seguro que a primera vista nadie hubiera dicho que España sólo fuera el tercer país que más ingresos reporta al grupo y que sólo pese un 14% del total de su facturación. Otro de los datos interesantes de mencionar es que el 72% del negocio proviene de la banca comercial por lo que no tiene una gran dependencia de la banca mayorista ni de de la banca privada, esto significa que Santander posee una magnífica diversificación en las fuentes de sus ingresos.

Análisis ANA:

- Activos importantes:
Primer banco europeo por capitalización bursátil y undécimo del mundo. Volumen enorme de clientes con gran diversificación de ingresos tanto geográficamente como por línea de negocio.

- Estabilidad de negocio a futuro:
La banca es algo que seguirá existiendo sin lugar a dudas. Cubren necesidades importantes de financiación y gestión de ahorros en sus clientes y con el trabajo de vinculación que Santander está realizando con cuentas como la 1,2,3 parece que la rentabilidad y fidelidad de los clientes crecerá en los próximos años. Vamos a los números:

- *Ventas:*
  Crecimiento en los últimos 5 años del 3,6% anual.

- *Beneficios por acción:*
  Decrecimiento anual en los últimos 5 años del -17%. La crisis y el incremento fuerte del número de acciones han hecho mella en los beneficios de Santander. No obstante, después de tocar fondo en 2012 con un BPA de 0,22€, ha crecido en los últimos años a un ritmo del 47% anual hasta llegar a los 0,48€ en 2014.

- *Dividendos por acción:*
  Lo más importante que Ana Botín ha hecho es devolver la credibilidad a los dividendos de Santander. Eliminó los irreales 0,60€ en scrip para establecer un dividendo de 0,20€ en los que 0,15€ serán en efectivo y 0,05€ en scrip. Bajo mi punto de vista hemos pasado de no dar dividendo a dar 0,15€ lo cual es una magnífica noticia.

- *Payout:*
  Si tomamos los 0,20€ sería del 41% pero si tomamos únicamente el efectivo de 0,15€ estaríamos en un payout del 31%. Magnífico ratio.

- **Buen trato al accionista:**

Tal como explicaba en el apartado de dividendos por acción, Santander ha dado un giro de 180º a su política de trato al accionista en el año 2015. La llegada de Ana Botín ha sido clave para esto, esperemos que este tipo de decisiones se mantengan en el tiempo.

Los número del análisis ANA tienen luces y sombras pero en general son bastante buenos para un sector que ha sufrido la parte más dura de la última crisis económica.

9.- Análisis ANA: BBVA

BBVA es el segundo banco español más grande y el vigésimo noveno más grande del mundo por capitalización bursátil:

Rank	Banco	País	Cap. Bursátil *
1	Industrial & Commercial bank of China (ICBC)	China	284,25
2	Wells Fargo & Co	U.S.A.	261,23
3	China Construction Bank	China	229,18
4	Bank of China	China	215,77
5	JP Morgan Chase & Co.	U.S.A.	213,88
6	Agricultural Bank of China	China	190,11
7	HSBC Holdings	UK	167,90
8	Bank of America	U.S.A.	151,74
9	Citigroup	U.S.A.	149,88
10	Commonwealth Bank of Australia	Australia	99,21
11	Banco Santander	España	88,63
12	Royal Bank of Canada	Canadá	87,72
13	Westpac Banking Corporation	Australia	87,22
14	Goldman Sachs Group	U.S.A.	78,60
15	Toronto-Dominion Bank	Canadá	77,80
16	Lloyds Banking Group	UK	75,47
17	China Merchants Bank	China	72,43
18	Mitsubishi UFJ Financial Group	Japón	71,27
19	US Bancorp	U.S.A.	70,36
20	Bank of Communications	China	69,83
21	BNP Paribas	Francia	68,93
22	Morgan Stanley	U.S.A.	67,74
23	UBS AG	Suiza	65,94
24	Australia and New Zealand Banking	Australia	65,58
25	National Australia Bank	Australia	63,70
26	Bank of Nova Scotia	Canadá	58,93
27	Barclays	UK	58,63
28	Itau Unibanco	Brasil	56,47
29	BBVA	España	55,98
30	Sumitomo Mitsui Financial	Japón	55,50

De hecho, si excluimos los bancos de China y USA subiría hasta la decimosexta posición. Dentro de los bancos europeos se sitúa en séptimo lugar. Además, pese a que acaba de salir de la lista de bancos sistémicos a nivel mundial, sigue siendo un banco sistémico en España. El negocio de los bancos es de esos que a nadie emociona pero nadie cuestiona que dentro de varias décadas seguirá existiendo.

Cuando hablamos de BBVA estamos hablando de un banco de **más de 137.000 empleados**, con **65 millones de clientes** y con un negocio realmente bien diversificado:

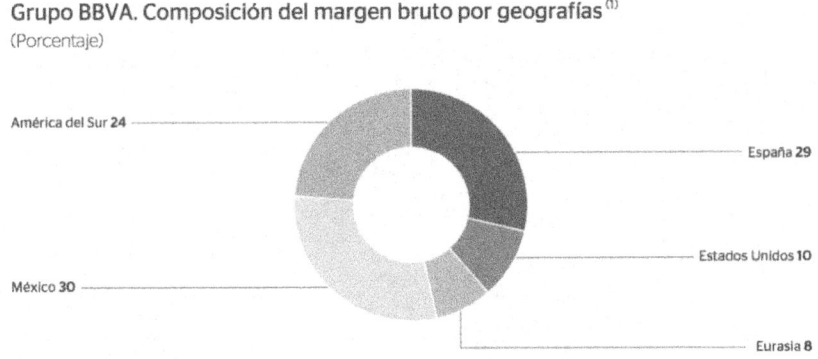

Grupo BBVA. Composición del margen bruto por geografías [1]
(Porcentaje)

América del Sur 24
España 29
Estados Unidos 10
México 30
Eurasia 8

Con presencia en **más de 35 países** y una creciente posición en USA, supone toda una sorpresa que **México genere más**

porcentaje del margen bruto que España. Además, BBVA es referente en el proceso de digitalización de la banca tradicional.

Análisis ANA:

- Activos importantes:
Segundo banco de España y séptimo en Europa por capitalización bursátil. Volumen muy grande de clientes con gran diversificación de ingresos tanto geográficamente como por línea de negocio.

- Estabilidad de negocio a futuro:
La banca es algo que seguirá existiendo sin lugar a dudas. Cubren necesidades importantes de financiación y gestión de ahorros en sus clientes y con el trabajo de digitalización que BBVA está realizando se le posiciona como uno de los bancos que puede salir favorecido de la transformación de la banca tradicional. Veamos los números:

- *Ventas*:
  Crecimiento en los últimos 5 años del 7,9% anual.

- *Beneficios por acción*:

Decrecimiento anual en los últimos 5 años del -21%. La crisis y el incremento fuerte del número de acciones han hecho mella en los beneficios de BBVA. No obstante, después de tocar fondo en 2012 con un BPA de 0,33€, ha crecido en los últimos años a un ritmo del 15% anual hasta llegar a los 0,44€ en 2014.

- *Dividendos por acción*:
  En este último año ha repartido 0,37€ de los cuales 0,16€ han sido en efectivo y 0,21€ en scrip . La evolución es algo caótica por los sucesivos cambios entre scrip y efectivo, en 2013 repartió 0,10€ en efectivo, en 2014 0,08€ y en 2015 0,16€.

- *Payout*:
  Si tomamos los 0,37€ sería del 84% pero si tomamos únicamente el efectivo de 0,16€ estaríamos en un payout mucho más interesante del 36%.

- Buen trato al accionista:
Como acabo de mencionar, el trato al accionista es algo caótico. Este apartado sin ninguna duda es el que más dudas generará a los accionistas.

Los número del análisis ANA tienen luces y sombras pero en general son bastante buenos para un sector que ha sufrido la parte más dura de la última crisis económica.

10.- Análisis ANA: Mapfre

Mapfre es la aseguradora número 1 en España por número de primas:

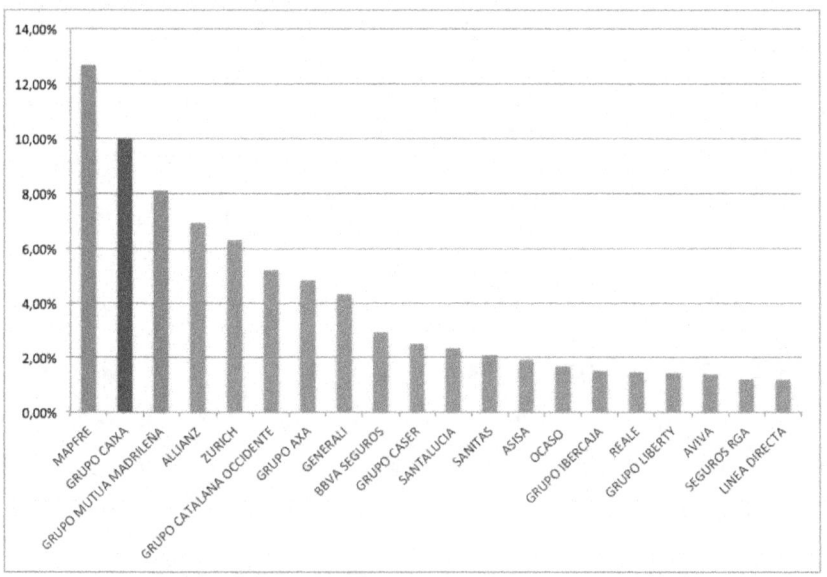

Cuota de mercado de total seguros en España (Enero - Junio 2015). Fuente: Icea

Cuando hablamos de Mapfre estamos hablando de una empresa de **más de 37.000 empleados, con un negocio presente en los 5 continentes.** España sigue teniendo un peso muy fuerte en los beneficios de Mapfre pero todas las áreas geográficas contribuyen en mayor o menor medida a los beneficios del grupo. El gran trabajo de diversificación geográfica hecho por Mapfre es admirable y esperemos que tenga una gran repercusión en el futuro.

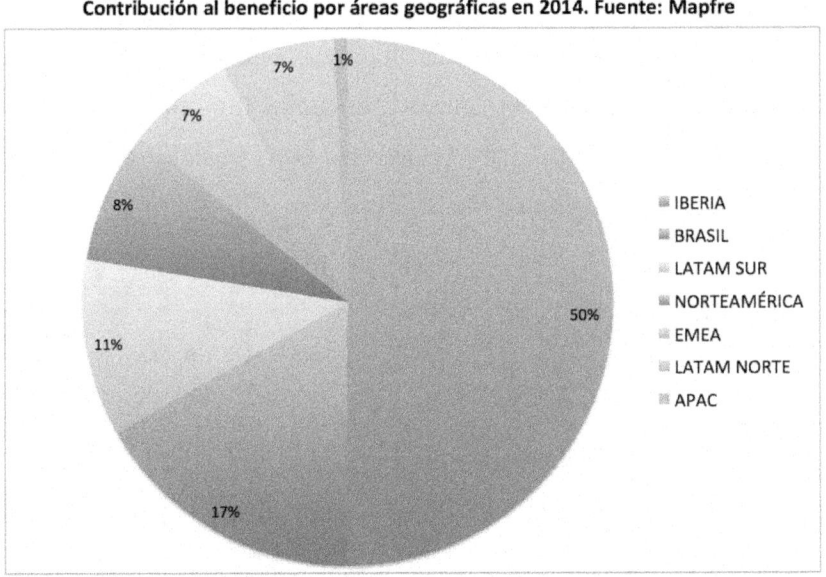

Análisis ANA:

- **Activos importantes:**
Primera aseguradora en España por número de pólizas y presente en los cinco continentes. Gran diversificación de ingresos tanto geográficamente como por línea de negocio.

- **Estabilidad de negocio a futuro:**
Es uno de los pocos sectores donde no tengo ninguna duda de que seguirá funcionando en el futuro. En el mundo actual los cambios y las disrupciones son cada vez más frecuentes y esto conlleva riesgos. Mientras los riesgos sigan existiendo las aseguradoras podrán continuar haciendo negocio y contar con una empresa que tiene una presencia tan fuerte a nivel internacional hace que esté realmente bien posicionada para el futuro. Analizamos ahora los números:

- *Ventas:*
  Crecimiento en los últimos 5 años del 5,6% anual.

- *Beneficios por acción:*
  Crecimiento del 2,4% anual en los últimos 5 años.

- *Dividendos por acción:*
  Crecimiento en los últimos 5 años del 1,5% anual.

- *Payout:*

  Podemos decir que estamos en un ratio saludable del 51%.

- Buen trato al accionista:
A pesar del período de crisis, Mapfre no ha recurrido a suspensiones de dividendo ni a scrips. De hecho ha conseguido crecer en este período en el que algunas aseguradoras más grandes del mundo llegaron a quebrar (AIG).

Los número del análisis ANA no son espectaculares pero son realmente sólidos para un sector que ha sufrido bastante en esta crisis económica.

11.- Análisis ANA: Apple

Apple es la empresa más grande del mundo por capitalización bursátil:

Company	Cap Rank on 1/22/16	Market Cap on 1/22/16
Apple	1	565.5
Alphabet	2	512.7
Microsoft	3	417.7
Exxon Mobil	4	318.8
Berkshire Hathaway	5	314.5
General Electric	6	285.5
Amazon.com	7	279.6
Facebook	8	277.0
Johnson & Johnson	9	267.7
Wells Fargo	10	249.6
China Mobile	11	220.6
AT&T	12	216.2
Procter & Gamble	13	210.5
JPMorgan Chase	14	209.2
Wal-Mart Stores	15	200.7

De hecho, Apple posee más de 200 billones americanos en efectivo. Con ellos podrían permitirse comprar el Banco Santander, BBVA, Telefónica o Iberdrola, pero no uno de ellos, **podría comprar las 4 empresas de golpe**.

Otro de los factores importantes es la diversificación geográfica que posee, habiendo logrado reducir su exposición al mercado estadounidense a tan sólo un 42% de sus ingresos:

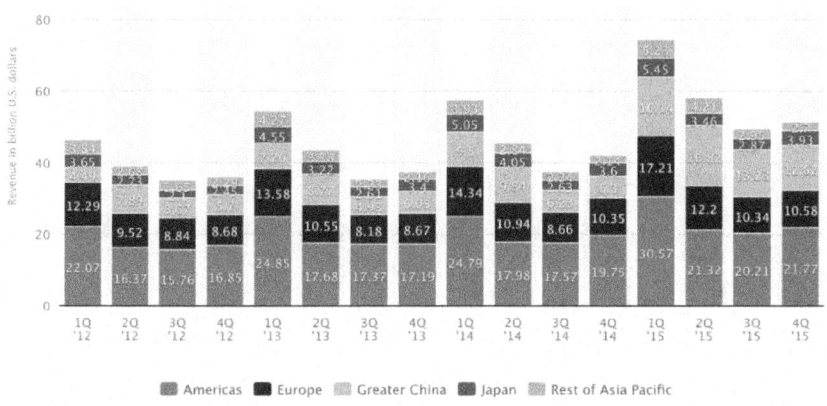

Americas ■ Europe ■ Greater China ■ Japan ■ Rest of Asia Pacific

Análisis ANA:

- Activos importantes:

La empresa más grande del mundo con crecimientos de dos dígitos y una cantidad brutal de efectivo en sus arcas.

- Estabilidad de negocio a futuro:

La tecnología es un sector complejo y cambiante y por ello no suele recomendarse invertir a largo plazo en él. No obstante, en un mundo cada vez más tecnológico se afianzan gigantes como Apple, Google o Microsoft como los precursores del cambio. En mi caso personal trabajo en el sector y estoy bastante al día de lo que ocurre en él, es por ello que invierto en este tipo de empresas. Ahora, los números:

- *Ventas*:
  Crecimiento en los últimos 5 años del 21,2% anual.

- *Beneficios por acción*:
  Crecimiento en los últimos 5 años del 20,5% anual.

- *Dividendos por acción*:
  El dividendo estuvo suspendido hasta la muerte de Steve Jobs, tras ello lo recuperaron en 2012. El crecimiento en los últimos 3 años es del 11% anual.

- *Payout*:
  22%. Magnífico ratio.

- Buen trato al accionista:
Tal como explicaba en el apartado de dividendos por acción, Apple ha dio un giro de 180º a su política de trato al accionista en el año 2012. La llegada de Tim Cook fue clave para esto. Desde entonces, los dividendos no han hecho más que crecer.

Los número del análisis ANA son absolutamente alucinantes.

12.- Análisis ANA: Gas Natural

Llevaba rondando la idea de analizar esta empresa durante bastante precio. Siempre aplazaba la compra porque me parecía que otras empresas de mi lista tenían un mejor precio.

Es raro el hogar donde no se utiliza el gas como energía para calefacción y Gas Natural es líder destacado del sector del gas en España:

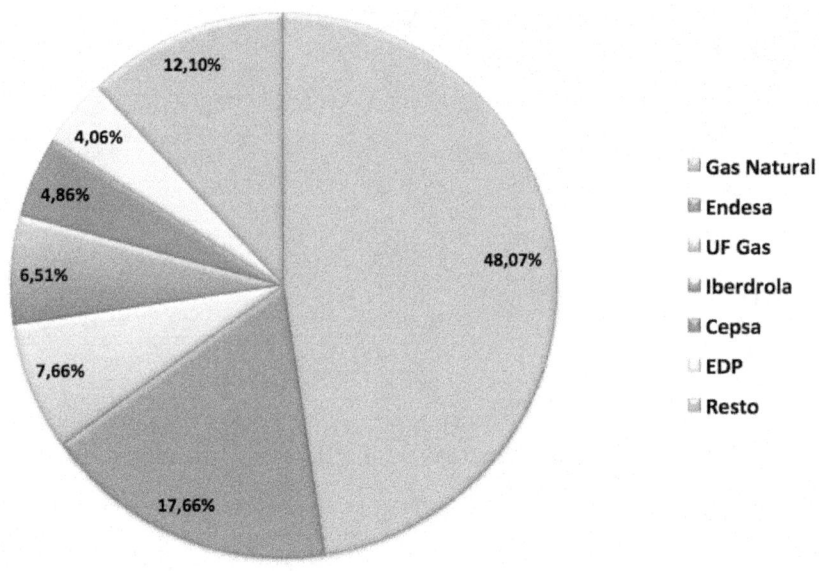

Y no sólo es líder, sino que **multiplica por más de 2 la cuota de mercado de su competidor más inmediato**. Además, Gas Natural está presente en **31 países de los cinco continentes** y su distribución de ingresos es cada vez más diversificada geográficamente y por línea de negocio:

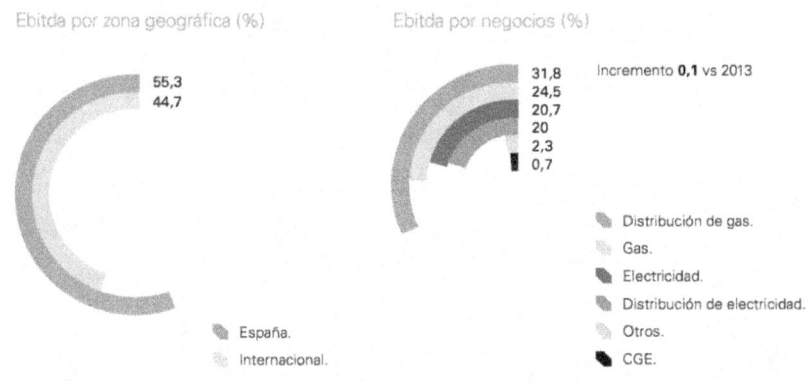

Análisis ANA:

- **Activos importantes**:
Con más de 21.000 empleados es la empresa número 1 en cuota de mercado de gas en el mercado español. Está a punto de lograr que su EBITDA en España pese menos del 50% lo cual es una magnífica noticia de cara a su expansión internacional. Con la compra de Unión Fenosa se garantizó poder ofrecer

electricidad como complemento pudiendo unificar los servicios que ofrece.

- Estabilidad de negocio a futuro:
La electricidad es la fuente de energía clave para el futuro pero, por el momento, la calefacción vía electricidad no consigue ser todo lo eficiente en costes que debería. Al gas le quedan muchos años de vida y Gas Natural, con la compra de Unión Fenosa en 2008, tiene cuerda para rato en ambos negocios. Pasamos a analizar los números:

- *Ventas*:
  Crecimiento en los últimos 5 años del 5,9% anual.

- *Beneficios por acción*:
  Crecimiento anual en los últimos 5 años del 2,5%.

- *Dividendos por acción*:
  En línea con el crecimiento del BPA. En los últimos 5 años el dividendo ha crecido un 2,7% anual.

- *Payout*:
  Payout estable y no preocupante del 63%.

- Buen trato al accionista:

Tras la compra de Unión Fenosa multiplicó casi por 2 el número de acciones y, sin embargo, los ingresos quedaron muy lejos de duplicarse. Debido a esto, a Gas Natural le fue complejo mantener la remuneración en efectivo y estuvo repartiendo una parte en efectivo y otra en scrip. Tras dos años volvió a recuperar el pago en efectivo del 100% del dividendo.

Los número del análisis ANA no son impresionantes pero sí son buenos.

13.- Análisis ANA: Starbucks

En lo últimos 20 años se ha duplicado el consumo de café en el mundo, o lo que es lo mismo, el consumo ha crecido algo más de un 3,5% anual.

Hoy vemos normal pagar entre 3€ y 4€ por un café por el que antes pagábamos 1€. Eso sí, Starbucks es mucho más que una cafetería tradicional. Starbucks es garantía de calidad en los procesos, es un café estándar en todo el planeta, es una experiencia cómoda y un ambiente perfecto para disfrutar de tu café.

Pero Starbucks, como es lógico, no se ha centrado sólo en el café. Ha incluido muchos más tipos de bebidas y la parte de alimentación. Esta es la evolución de las ventas por categoría de Starbucks:

Retail sales mix by product type for company-operated stores:

Fiscal Year Ended	Sep 28, 2014	Sep 29, 2013	Sep 30, 2012
Beverages	73%	74%	75%
Food	18%	18%	17%
Packaged and single-serve coffees and teas	4%	4%	4%
Other[1]	5%	4%	4%
Total	100%	100%	100%

[1] "Other" primarily includes sales of ready-to-drink beverages, serveware and coffee-making equipment, among other items.

Starbucks es un gigante de más de 30 años de edad con más de **190.000 empleados que opera en 65 países diferentes**, pero vamos a nuestro análisis.

Análisis ANA:

- Activos importantes:
Primera cadena de venta de café del mundo que crece fuertemente en su negocio y está en pleno proceso de expansión internacional.

- Estabilidad de negocio a futuro:

El consumo de café, como ya hemos visto en el gráfico anterior, crece a ritmos interesantes y Starbucks tiene una cuota de mercado insignificante de ese mercado. De hecho, Starbucks utiliza menos del 3% del café que se fabrica en el mundo. Parece claro que es un mercado sano que aportará buenos crecimientos durante las próximas décadas. Vamos ahora a analizar los números:

- *Ventas*:
  Crecimiento en los últimos 5 años del 13,1% anual.

- *Beneficios por acción*:
  Crecimiento anual en los últimos 5 años del 22,4%.

- *Dividendos por acción*:
  En línea con el crecimiento del BPA. En los últimos 5 años el dividendo ha crecido un 23% anual. ¡Absolutamente alucinante!

- *Payout*:
  El recorrido que tiene es bueno, su payout es del 43,4%.

- **Buen trato al accionista**:

Starbucks reparte dividendos desde 2010 y desde ese primer dividendo hasta hoy ha crecido desde los 0,20$ anuales hasta los 0,80$. Esto supone un crecimiento anual del 26% en los 6 años en que han repartido dividendo.

Los número del análisis ANA no admiten discusión alguna, son impresionantes.

14.- Análisis ANA: Wells Fargo

Wells Fargo es el banco estadounidense más grande y el segundo más grande del mundo por capitalización bursátil.

Wells Fargo es un banco sistémico a nivel mundial. El negocio de los bancos es de esos que a nadie emociona pero nadie cuestiona que dentro de varias décadas seguirá existiendo.

Cuando hablamos de Wells Fargo estamos hablando de un banco de **154 años de historia**, con **más de 265.000 empleados** y con un **negocio realmente bien diversificado**:

Además, sus líneas de negocios también están realmente bien equilibradas teniendo la mitad su negocio en la banca comercial y multitud de áreas de negocio con las que su negocio es sostenible sin tener que exponerse a riesgos grandes, ya que la mayor parte de su beneficio son por comisiones, hipotecas o tarjetas de crédito:

Balanced Business Model

Diversified Loan Portfolio

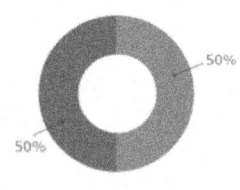

Commercial 50%
Consumer 50%

Balanced Spread & Fee Income

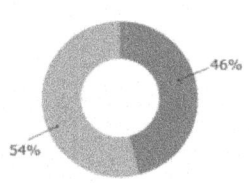

Net Interest Income 54%
Noninterest Income 46%

Diversified Fee Generation

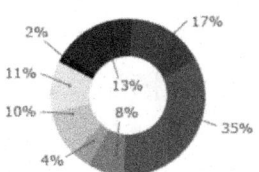

Total Trust & Investment Fees 35%
Total Mortgage Banking 17%
Deposit Service Charges 13%
Other Noninterest Income 2%
Lease Income and All Other Banking Fees 11%
Card Fees 10%
Insurance 4%
Market Sensitive Revenue[1] 8%

Análisis ANA:

- Activos importantes:

Primer banco estadounidense por capitalización bursátil y segundo del mundo. Volumen enorme de ingresos con gran diversificación de éstos tanto geográficamente como por línea de negocio.

- Estabilidad de negocio a futuro:

La banca es algo que seguirá existiendo sin lugar a dudas. Cubren necesidades importantes de financiación y gestión de ahorros de sus clientes. Vamos a los números:

- *Ventas*:
  Decrecimiento en los últimos 5 años del -0,5% anual.

- *Beneficios por acción*:
  Crecimiento anual en los últimos 5 años del 17% anual. Impresionante el saneamiento que ha conseguido Wells Fargo tras la crisis. Con el mismo nivel de ingresos, en 5 años han multiplicado x2 sus beneficios.

- *Dividendos por acción*:
  Crecimiento del 50% anual en los últimos 5 años. Este tremendo número es algo engañoso ya que tras la crisis, en 2010, redujeron el DPA de 1,36$ a 0,20$ pero tras 5 años han recuperado el terreno perdido y ya están en un DPA de 1,5$ por lo que si miramos el crecimiento de los últimos 6 años sería del 1,7% anual. No obstante, con el gran trabajo realizado para aumentar su margen neto del 14% al 27%, los resultados parece que mejorarán a buenos ritmos en los próximos años.

- *Payout*:
  36%, magnífico ratio.

- Buen trato al accionista:

Pese a que el sector financiero fue de los más azotados en el período de crisis, Wells Fargo ha salido muy reforzado y ha trasladado su fortaleza en forma de reparto de dividendos a sus accionistas, siendo capaz de recuperar el DPA en tan sólo 4 años.

Los número del análisis ANA son realmente buenos para un sector que ha sufrido la parte más dura de la última crisis económica.

15.- Análisis ANA: 3M

3M es una empresa que, tal como ellos transmiten, es una empresa científica que aplica sus patentes a la vida cotidiana de las personas. Os dejo algunos de los productos por los que conoceréis a 3M:

Cuando hablamos de 3M estamos hablando de una empresa de **114 años de historia** con **más de 90.000 empleados.** Una empresa con un **negocio realmente diversificado al vender sus productos en 200 países y poseer un portfolio amplísimo de productos.** Estas son algunas de las áreas en las que desarrolla productos industriales:

3M Technologies for Industrial Products

Análisis ANA:

- Activos importantes:
3M fabrica productos para consumidores y para empresas de todas los sectores que podamos imaginar. Algunos de ellos son: Sanidad, automoción, telecomunicaciones, energía, transporte, seguridad, construcción, oficina, decoración, bricolaje y muchos más. Por poner en valor la aplicación que 3M hace de la ciencia, hace un par de años consiguieron registrar su patente número 100.000.

- Estabilidad de negocio a futuro:
No cabe duda de que los productos que 3M fabrica y vende son básicos para muchísimas industrias por lo que es una de esas empresas de las que tengo pocas dudas de su importancia de cara a futuro. Vamos a los números:

- *Ventas*:
  Crecimiento en los últimos 5 años del 2,5% anual.

- *Beneficios por acción*:
  Crecimiento anual en los últimos 5 años del 6,5% anual.

- *Dividendos por acción*:

Crecimiento del 14% anual en los últimos 5 años.

- *Payout*:
  Se mantiene en el 53%, un buen ratio que permitirá futuros crecimientos.

- Buen trato al accionista:

Con 3M hay que quitarse el sombrero, 98 años ininterrumpidos pagando dividendo e incrementándose cada año durante los últimos 57 años. Es casi imposible encontrar una empresa que dispense tan buen trato a sus accionistas. De hecho, mirando los últimos 30 años, el incremento de los dividendos ha sido de un 8% anual.

Los número del análisis ANA son extraordinarios por lo que con 3M en nuestra cartera parece que estaremos muy tranquilos los próximos años.

16.- *Análisis ANA: Walt Disney*

Cuando hablamos de Disney hablamos de ilusión, de felicidad. No hay niño que no le encante alguna película o serie de esta empresa y, tras las últimas adquisiciones de Marvel y Star Wars, me atrevería a decir que casi ningún adulto queda libre de ser fan de algún producto de Disney.

Yo soy poco objetivo con Disney, no me consideraba un gran fan pero, mi luna de miel fue en Walt Disney World en Orlando. Y fue una auténtica pasada, sorpresa tras sorpresa, una emoción indescriptible que nunca hubiera imaginado antes de ir. Disney World te convierte en niño otra vez, te transporta a un mundo increíble que te hace olvidar todo lo que está más allá de sus puertas.

Comprenderéis ahora por qué digo que soy poco objetivo, pero vamos a someter a Disney a nuestro análisis ANA.

Análisis ANA:

- **Activos importantes**:
Empresa de entretenimiento más importante del mundo. Grandes activos que cubren desde sagas como Star Wars, Marvel, las películas de Disney y Pixar y hasta la ESPN que es líder en televisión de pago deportiva en los Estados Unidos.

- **Estabilidad de negocio a futuro**:
Disney tiene una barrera enorme frente a cualquier competencia que pueda surgirle al tener un tamaño muy grande y ser poseedor de contenidos que generan grandes beneficios:

- *Ventas*:
  Crecimiento en los últimos 5 años del 6,4% anual.

- *Beneficios por acción*:
  Crecimiento anual en los últimos 5 años del 17,9%.

- *Dividendos por acción*:
  Crecimiento del 24% anual en los últimos 5 años. ¡Lo alucinante es que si miramos los últimos 23 años también vemos un crecimiento del 24% anual!

- *Payout*:
  28,6%. Disney demuestra tener mucho margen para continuar incrementando sus dividendos. De hecho si sus beneficios se estancasen podría incrementar su dividendo un 10% anual durante 13 años.

- **Buen trato al accionista**:
Viendo el incrementos de dividendos de un 24% anual durante 23 años y manteniendo un payout de menos del 30%, la verdad es que poco más se puede añadir. El trato al accionista es excelente.

Los números del análisis ANA son realmente espectaculares.

17.- Análisis ANA: BME

Bolsas y Mercados Españoles es el operador de todos los mercados de valores y sistemas financieros en España. BME está organizada en **siete unidades de negocio**: Renta Variable, Deuda Pública y Corporativa, Derivados, Compensación y Liquidación, Difusión de Información, Consultoría, Nuevas Tecnologías y Formación. Para llevar a cabo esos negocios cuenta con más de 20 sociedades filiales entre las que destacan: Bolsa de Madrid, Bolsa de Barcelona, Bolsa de Bilbao, Bolsa de Valencia, AIAF Mercado de Renta Fija, MEFF, Iberclear, MAB, Visual Trader BME Consulting, BME Innova, BME Market Data e Infobolsa.

BME es una empresa con bastante potencia tecnológica que desde hace unos años ha visto amenazada su posición monopolística en España. Actores internacionales como BATS pretenden arrebatar esas posiciones de liderazgo en muchos países pero, tras unos años, no ha conseguido arrebatar a BME más que un 15% de la cuota de mercado.

Análisis ANA:

- Activos importantes:
Líder indiscutible en el mercado español en todas las transacciones relacionadas con la bolsa y otros mercados financieros. Actor imprescindible en este escenario.

- Estabilidad de negocio a futuro:
BME ofrece la seguridad, las garantías necesarias y la tecnología más precisa a los inversores para realizar una gran variedad de transacciones. Es cierto, que su negocio está limitado al mercado español y que eso hace que sea interesante invertir en ella sólo en momentos donde el negocio pase por fases donde no haya un gran volumen de transacciones en bolsa, como el actual. Analizamos ahora los números:

- *Ventas:*
  Crecimiento en los últimos 5 años del 1,5% anual.

- *Beneficios por acción:*
  Decrecimiento del -14,5% anual en los últimos 5 años.

- *Dividendos por acción:*
  Crecimiento en los últimos 5 años del 1,8% anual.

- *Payout:*
  Es una empresa atípica que habitualmente reparte prácticamente todos sus beneficios: 95%.

- Buen trato al accionista:
A pesar del período de crisis, BME no ha recurrido a suspensiones de dividendo ni a scrips. Al repartir prácticamente todos sus beneficios, sus dividendos oscilan con las subidas y bajadas del mercado.

Los número del análisis ANA nos dejan entrever una realidad en BME. Esta empresa es una gran inversión si invertimos en ella a precios bajos y en momentos donde la bolsa está en crisis o iniciando su recuperación.

Viendo los número de BME observamos que sus dividendos han oscilado históricamente entre 1,65€ por acción y 2,95€. Actualmente estamos en 1,89€ por lo que parece un buen momento para invertir en ella siempre que sepamos que el crecimiento está limitado. A precios como el que he comprado, la rentabilidad repartiendo 1,65€ sería del 6,4% y repartiendo 2,95€ sería del 11,5%. En ese rango se moverá aproximadamente la rentabilidad por dividendo de BME para una inversión realizada a 25,54€ por acción.

A pesar de sus limitaciones, si la comparamos con **una empresa que reparta un DPA del 3%, esa empresa tendría que aumentar sus dividendos 24 años a un ritmo del 6% anual para alcanzar el 11,5% que BME puede lograr con facilidad**. Con esto no digo que empresas como BME sean mejores para nuestra estrategia pero sí creo que es interesante tener un balance entre empresas con gran DPA y bajo crecimiento y empresas con bajo DPA y gran crecimiento esperado.

18.- Análisis ANA: Accenture

Accenture es una de las grandes empresas globales de servicios orientados a la consultoría, la estrategia, tecnología, operaciones y el mundo digital. Las grandes consultoras están adaptándose para posicionarse como actores importantes en la transformación digital de las grandes empresas y, este sector, aún no lo tenía cubierto.

Accenture, en tan sólo 26 años de historia, cuenta con **más de 373.000 empleados y ha logrado tener clientes de 40 industrias diferentes a lo largo de 120 países**.

Además, la evolución de sus ingresos es francamente espectacular:

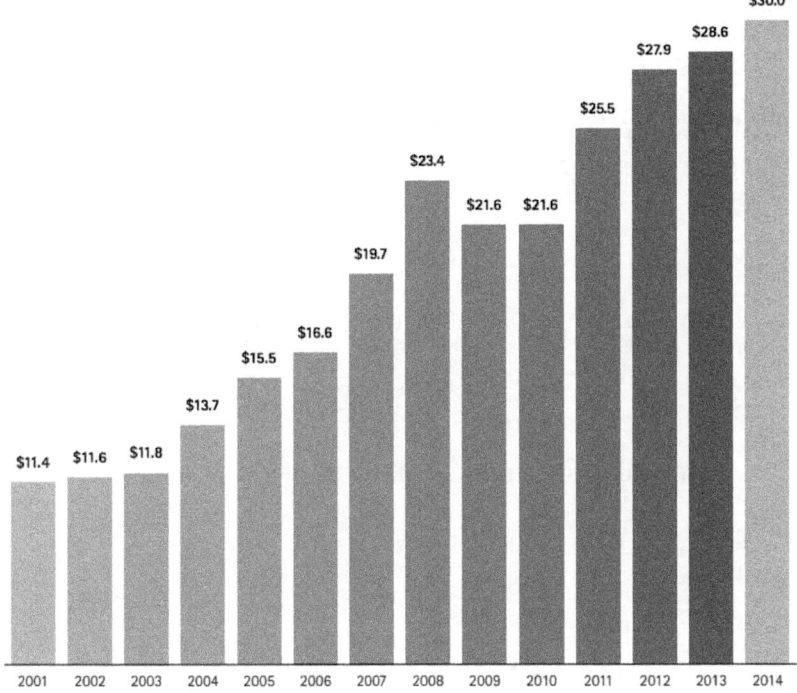

Análisis ANA:

- Activos importantes:

Posee un número elevadísimo de empleados con gran talento y un negocio muy diversificado en cuanto a industrias, áreas de negocio y países en los que opera.

- Estabilidad de negocio a futuro:
Las grandes consultoras se están posicionando realmente bien en el área de la transformación digital de las grandes empresas. Esto nos sirve de ejemplo para entender que cuando surja alguna disrupción tecnológica, las grandes consultoras se posicionarán en el sector para ayudar a sus clientes.

- *Ventas:*
  Crecimiento en los últimos 5 años del 7,5% anual.

- *Beneficios por acción:*
  Crecimiento anual en los últimos 5 años del 12,6% anual.

- *Dividendos por acción:*
  Crecimiento del 21,5% anual en los últimos 5 años.

- *Payout:*
  45%, buen ratio.

- Buen trato al accionista:
Accenture no es de esas empresas con décadas de historia a sus espaldas, de hecho cuenta con una historia de tan sólo 26 años. Desde hace 10 años comenzaron su política de reparto de

dividendos y, desde ese momento, no han hecho más que aumentar el dividendo, en concreto un 22% anual en cada uno de los 10 años. Pocas cosas son mejores que este ejemplo cuando además en 2009 y 2010 sus ingresos decrecieron.

Los número del análisis ANA son realmente buenos.

Sobre el autor:

En el año 2015 creé el blog vivir-del-dividendo.blogspot.com, en el cuál hablo sobre la búsqueda de la independencia financiera a través de la inversión en bolsa a largo plazo. El objetivo: llegar a vivir del dividendo.

En vivirdeldividendo.com publico todo tipo de datos personales sobre mis finanzas y, por ello, prefiero mantener el anonimato. Creo que es más útil proporcionar información real que sirva de ejemplo a todos a cambio de no revelar mi identidad.

Por último, si sois lectores del blog, ¡gracias por leer libro! Si no lo sois, espero que el libro os haya gustado y espero veros en:

vivir-del-dividendo.blogspot.com

Si te ha gustado este libro te agradecería mucho que dejaras un comentario en Amazon para que lo vean los futuros compradores.

¡Muchas gracias!

www.ingramcontent.com/pod-product-compliance
Lightning Source LLC
Chambersburg PA
CBHW060832170526
45158CB00001B/149